Heriburg Laarmann
Annemarie Wolf

W0085209

Neue Krippenspiele

Herder
Freiburg · Basel · Wien

Die Spiele von Heriburg Laarmann stammen aus ihren Büchern
»Mit Zeichen und Symbolen«, »Das Fest unseres Lebens feiern«,
»Mit allen Sinnen das Leben feiern«; alle Verlag Herder.
»Das Gabenspiel« von Lene Mayer-Skumanz ist entnommen aus
»Der Stern«, Verlag Herder/Wien.
»Die Weihnachtsgeschichte in Versen« ist dem Band »Mein kleines Evangelium«
von Manfred Bieler, mit Bildern von Joachim Schuster,
Verlag Herder, [5]1978 entnommen.
Die Rechte für die übrigen Stücke liegen bei den Autorinnen/Autoren.

Alle Rechte vorbehalten – Printed in Germany
© Verlag Herder Freiburg im Breisgau 1995
Umschlaggestaltung: Finken & Bumiller, Stuttgart
Bildmotiv: Karin Schliehe
Herstellung: Freiburger Graphische Betriebe
Gedruckt auf umweltfreundlichem, chlorfrei gebleichtem Papier
ISBN 3-451-26651-2

Inhalt

Anhang

Vorwort

Diese Krippen-, Hirten- und Dreikönigsspiele sind im Laufe mehrerer Jahre entstanden aus der alltäglichen Arbeit im Kindergarten, aus der Schulpraxis oder in der Gruppen- und Gemeindearbeit.

Es sind Spiele, die durch die Vielfalt kleinerer und größerer Sprechrollen einerseits, wirkliche Gemeinschaft der verschiedenen Altersgruppen ermöglichen, andererseits im Klassenverband einstudiert und aufgeführt werden können. Teilweise eignen sie sich aber auch für Feierstunden in Vereinen, in Altersheimen, für Weihnachtsabende in Pfarrgemeinden oder Gruppen.

Trotz ihrer Schlichtheit sind die Spiele oft auch von besonderer Aktualität: Es kommen Hirten, denen sich auf dem Weg zur Krippe Menschen von unterschiedlichstem Stand und verschiedener Herkunft anschließen, der Esel, der Maria trägt wird belohnt für seine Mühe ...

Allen, die mit diesen Spielen arbeiten oder sich davon anregen lassen, Weihnachtserzählungen auf die konkrete Situation hin in Szene zu setzen, wünschen wir viel Freude und die Erfahrung, durch die Menschwerdung Gottes selbst immer mehr Mensch zu werden.

HERIBURG LAARMANN
ANNEMARIE WOLF

I Weihnachtsspiele

Der graue Esel

Auf ihrer Reise nach Bethlehem treffen Maria und Josef einen Mann, der der erschöpften Maria aus Mitleid seinen Esel schenkt. Der Esel ist verärgert darüber, daß er die beiden fremden Leute auf einem für ihn unbekannten Weg begleiten muß, noch dazu bei Dunkelheit. Am Schluß wird er für seine Mühe belohnt, weil er bei der Geburt des Kindes dabeisein darf. An der Krippe findet er endlich die Ruhe, nach der er sich gesehnt hat.

MITSPIELER: Maria
Josef
Esel
Mann
Bäuerin
2 Kinder
3 Hirten
Wirt
ein oder zwei Sprecher
beliebig viele Sänger und Sängerinnen,
bzw. Chor
einige Kinder an Rhythmusinstrumenten

SPIELALTER: 7-10 Jahre

DAS SPIEL: Sänger und Spieler bilden, im Halbkreis stehend, den Hintergrund (Chor). Die Spieler nehmen (Ausnahme Maria, Josef und Esel), nachdem sie ihre Rollen gespielt haben, wieder ihren Platz im Chor ein.

(Maria und Josef kommen langsam von der Seite.)

SPRECHER: Dunkel ist es auf den Straßen,
alle Gassen sind schon leer.
In den Wäldern, auf den Feldern
sieht man keine Menschen mehr.

Nur zwei müde, arme Leute
wandern durch die finstre Nacht.
Über ihnen, hoch am Himmel,
sind die Sterne schon erwacht.

MARIA: Der Weg ist lang, der Weg ist schwer.
Die Beine tragen mich nicht mehr.
Von Nazareth nach Bethlehem
ist es gar weit zu Fuß zu gehn.

JOSEF: Maria, du siehst müde aus.
Komm, ruh dich hier ein wenig aus.
Die Reise ging zu deinen Lasten,
drum wollen wir ein wenig rasten.
(Die beiden setzen sich. Mann mit Esel kommt vorbei.
Der Esel ist grau angezogen und trägt ein Stirnband mit
Eselsohren aus Pappkarton.)

MANN: Ihr Lieben, wohin soll's denn gehn?
Wollt ihr heut noch nach Bethlehem?
Da solltet ihr euch jetzt beeilen
und hier nicht allzulang verweilen,
denn in der Stadt hat's viele Leute,
die eine Herberg suchen heute.

JOSEF: Ihr solltet wissen, lieber Mann,
die Reise dauert schon sehr lang.
Doch will ich eines euch erklären:
Mein Weib wird bald ein Kind gebären.

MANN: Es dauert mich mitanzusehn,
daß ihr den weiten Weg müßt gehn.
Drum schenk ich euch den Esel hier,
daß er euch zu der Stadt hinführ.
Er soll euch weiterhin begleiten,
und eure Frau kann auf ihm reiten.
(Mann ab)

LIED: »Ein grauer Esel reitet durch die Nacht«
1. Strophe
(Während das Lied gesungen wird, gehen Maria und Josef
mit dem Esel auf und ab. Der Esel geht gebückt und läßt

die Arme nach vorne baumeln. Maria befindet sich immer,
von vorn aus gesehen, hinter des Esels Rücken.
So soll das »Reiten« optisch angedeutet werden.)

MARIA: Ach, liebster Josef, halte ein.
Wir woll'n von Herzen dankbar sein,
daß Gott den Esel uns gesandt,
dafür sei ihm Lob, Preis und Dank.
Du guter Esel, lauf nur zu,
und gönn dir heute keine Ruh,
(tätschelt den Esel)
denn unser Kind wird bald geboren,
das Gott zum Heiland hat erkoren.

BÄUERIN MIT 2 KINDERN:
Ihr lieben Leute, sagt mir bloß,
was ist denn mit dem Esel los?
Er sieht ja gar so müde aus.
Seid ihr denn noch nicht bald zu Haus?
Das arme Tier kann kaum mehr schnaufen.
Es ist zu schwach vom vielen Laufen!

1. KIND: Ich hab noch etwas Heu bei mir,
das füttre ich dem braven Tier.
(pantomimisch darstellen)

2. KIND: Ich will ihm was zu trinken geben,
das gibt ihm wieder neues Leben.
Der Brunnen dort, er ist ganz nah.
Gleich bin ich mit dem Wasser da,
(geht und holt pantomimisch Wasser, Esel trinkt)
und auch sein Fell will ich benetzen.
Du Esel, sollst dich dran ergötzen!
(Bäuerin, 1. und 2. Kind ab)

LIED: »Ein grauer Esel reitet durch die Nacht«
2. Strophe

ESEL: Ach, ihr Leut, ich sag's euch ehrlich.
Esel sein ist sehr beschwerlich.
Früh bis spät, tagaus, tagein
muß ich auf den Beinen sein.

Meine Hufe sind zerschlagen
von dem schweren Lastentragen.
Und nun soll ich diese beiden
auch noch in die Stadt begleiten.
In der Dunkelheit zu gehn,
ist nicht grade angenehm.
Ach, man sieht den Weg bald nicht!
Hat denn niemand hier ein Licht?

1. HIRTE: Des Nachts sind wir bei unsern Schafen,
doch woll'n wir jetzt ein wenig schlafen.
So nehmt denn diese Stallaterne,
sie wird euch leuchten in die Ferne.
(gibt Josef eine Laterne)

2. HIRTE: Ganz staubig ist des Esels Fell,
laßt es mich bürsten noch ganz schnell.
Das tut ihm sicherlich recht gut
und gibt ihm wieder neuen Mut.
(bürstet und klopft den Esel aus)

3. HIRTE: *(an Maria gewandt)*
Von mir bekommt ihr noch ganz schnell
von einem Lamm ein weiches Fell.
Als Sattel könnt ihr es benützen,
um darauf ganz bequem zu sitzen.
Ich leg es auf des Esels Rücken,
so soll die Reis' euch weiter glücken.
(bindet ein Fell auf des Esels Rücken)

LIED: »Ein grauer Esel reitet durch die Nacht« – 3. Strophe

JOSEF: Auf, Esel, keine Müdigkeit!
Die Reise ist jetzt nicht mehr weit.
Es ging durch unwegsam Gelände,
doch sind wir glücklich nun am Ende.
Dort drüben kann ich Lichter sehn,
da liegt das Städtchen Bethlehem.
*(zeigt in die Ferne; Maria und Josef gehen einige Schritte in
diejenige Richtung, in welche Josef gezeigt hat.)*

MARIA:	Wo finden wir ein Nachtquartier?
	Komm, Josef, klopf an jene Tür!
	(Josef deutet das Klopfen pantomimisch an.
	Ein Kind synchron mit Klanghölzern klopfen lassen!)
WIRT:	Hat man denn niemals seine Ruh!
	Die Herberg, die ist längst schon zu.
JOSEF:	Herr Wirt, seht mich mit meinem Weibe,
	und gebt uns bei euch eine Bleibe!
WIRT:	Es tut mir wirklich schrecklich leid,
	doch hab ich keinen Platz mehr heut.
	Zu viele Gäste sind gekommen
	und haben schon Quartier genommen.
	Jedoch ihr könnt denn meinetwegen
	dort in dem Stall auf Stroh euch legen
	und könnt für diese Nacht dort wohnen.
MARIA:	Der Herr im Himmel wird's euch lohnen.
	(Maria und Josef gehen zur Mitte und setzen sich
	an eine Krippe, in der eine Kerze entzündet wird.)
SPRECHER:	In jener Nacht, in aller Stille,
	erfüllte sich hier Gottes Wille.
	In diesem Stall in Bethlehem
	da ist das Wunder dann geschehn.
	Denn Gottes Sohn ward hier geboren
	von einer Jungfrau auserkoren.
	Er kam zu uns hier auf die Erde,
	damit ein jeder glücklich werde.
	Komm, Esel, setze dich herzu,
	hier bei der Krippe findst du Ruh!
	(Esel kniet neben Maria und Josef.)
LIED:	»Ein grauer Esel reitet durch die Nacht«
	4. Strophe
	(Am Schluß singen alle Kinder den Refrain zweimal.)

Ein grauer Esel reitet durch die Nacht

1. Ein grau-er E-sel rei-tet durch die Nacht.

Den Weg hat er bis jetzt noch nie ge-

macht. Er kennt sich hier nicht aus, und er

sehnt sich nach Zu-haus, der grau-e

Refrain:

E-sel in der Nacht. Lauf, E-sel, lau-fe,

lau-fe ge-schwind, denn hier auf dei-nem

Rük-ken trägst du be-reits das heil-ge Kind.

Lauf, E - sel, lau - fe, und bleib nicht stehn! Der Weg ist nicht mehr weit nach Beth - le - hem.

2. Ein grauer Esel reitet durch die Nacht.
   Am Himmel sind die Sterne längst erwacht.
   Sein Fell sieht struppig aus,
   und er sehnt sich nach Zuhaus,
   der graue Esel in der Nacht.
   Lauf, Esel, laufe …

3. Der graue Esel denkt, jetzt ist's zuviel.
   Wann sind wir denn nun endlich mal am Ziel!
   Ich bleib jetzt einfach stehn
   und werd keinen Schritt mehr gehn
   in dieser kalten, dunklen Nacht.
   Lauf, Esel, lauf …

4. Ein grauer Esel hält in dieser Nacht
   beim Kindlein an der Krippe heut die Wacht.
   Es macht ihm gar nichts aus,
   und er sieht so glücklich aus,
   in dieser heiligen Nacht.

Du, lieber Esel, kannst jetzt verstehn,
daß sich's gelohnt hat, den weiten, weiten Weg zu gehn.
Hier an der Krippe ist dein Zuhaus.
Komm, setz dich zu dem Kind und ruh dich aus.

Das Lied wird mit Rhythmusinstrumenten begleitet. Ein Wooden Agogo ahmt Hufgeklapper nach. Es eignen sich aber auch zwei ausgehöhlte Kokosnußschalen, die man rhythmisch gegeneinander schlägt, sowie andere Schlag- und Rhythmusinstrumente.

ANNEMARIE WOLF

»Es ist ein Ros entsprungen«

Vorzubereiten:
Rosenstrauch, Rosen, große Rose aus Kreppapier, Krippe mit
Jesusdarstellung

LIED:	»Es ist ein Ros entsprungen«, 1. und 2. Str.
1. KIND:	*Sitzt still da mit einem Rosenstrauch, den es nachdenklich anschaut.*
2. KIND:	Was machst du hier?
1. KIND:	Ich schaue mir die Rosen an. Ist es nicht ein Wunder, daß sie jetzt, mitten im kalten Winter, blühen und duften? Sie erinnern mich an die eine Rose, an die schönste Rose, die unsere Erde je hervorgebracht hat.
2. KIND:	Ich weiß nicht, was du meinst! Ist mir auch egal. Hast du am Heiligen Abend nichts Wichtigeres zu tun? Hast du deine Geschenke schon alle eingepackt? Welche Geschenke erwartest du?
1. KIND:	Diese Rosen erinnern mich an das größte und schönste Weihnachtsgeschenk: an eine Rose klein und zart, die auf-geblüht ist mitten in unserer kalten, dunklen Welt. Sie ist unsere Rettung.
2. KIND:	Eine rettende Rose? Spinnst du? Rosen sind schön! Aber ich lasse mir lieber etwas anderes schenken, etwas, was nützlicher ist.
1. KIND:	Kennst du nicht die Rose, die man die Jesserose nennt und die gewachsen ist aus einem alten Wurzelstock, der wie tot war? Auf den Feldern Bethlehems ist sie aufgesprungen, diese wundervolle Rose, mitten unter den Ärmsten der Armen, zu einer Uhrzeit, wo es keiner vermutet hätte, ist sie erblüht, die geheimnisvolle Rose, mitten im kalten Winter, in finsterer Nacht, wo alles ohne Hoffnung zu sein scheint, da wurde sie uns geschenkt, die rettende Rose.

Intonation zu »Es ist ein Ros entsprungen
(während dessen spricht der Priester oder ein Erzähler)

ErzählerIn: Ja, mitten im kalten Winter,
mitten in dunkler Nacht,
bringt die Erde ihre schönste Rose hervor,
eine duftende Rose, eine kostbare Rose,
eine geheimnisvolle Rose, eine rettende Rose,
eine zarte Rose,
eine Knospe,
ein Kind.
Dieses Kind ist ein Geschenk,
ein Geheimnis,
eine Hoffnung,
ein Glück,
ein Wunder.
Diese wunderbare Rose ist erblüht
auf den Feldern Bethlehems,
als der Himmel die Erde berührte.
Diese rettende Rose wurde uns geschenkt,
als der Traum der Menschheit sich erfüllte
und Gott zu uns kam in einem Kind,
in Jesus.

Lied: 3. Str. Das Blümelein so kleine ...

2. Kind: Wenn Jesus die geheimnisvolle Rose,
die kostbare Rose,
die rettende Rose ist,
dann ist ja Maria der Rosenstrauch,
der uns diese herrliche Rose geschenkt hat.

1. Kind: Jesus ist Gottes schönstes Geschenk an die Menschen,
die kostbarste Rose,
die Rose über alle Rosen.
Er ist die geheimnisvolle Rose,
eine Kreuzung aus Himmel und Erde.
Heute feiern wir den Tag,
wo Gott uns diese rettende Rose, Jesus, geschenkt hat.

Lied: »Uns wird erzählt von Jesus Christ«, 1. Str.

3. KIND: Wie ist das gewesen, als Jesus zur Welt kam?
Wir möchten es wissen, berichtet uns doch!

ERZÄHLERIN: Damals herrschte der Kaiser Augustus in Rom.
Er war der mächtigste Mann der Welt.
Er brauchte viel Geld.
Er gab darum den Befehl, jedermann müsse sich in
Steuerlisten eintragen lassen.
Jeder an seinem Geburtsort.
So ging auch Josef von Nazareth hinauf
zur Stadt des Königs David, nach Bethlehem,
weil er aus der Familie des Königs David stammte,
um sich mit Maria, seiner Frau, eintragen zu lassen.
Maria erwartete ein Kind.
Als sie in Bethlehem waren, kam das Kind zur Welt.
Maria gebar ihren Sohn, den Erstgeborenen,
wickelte ihn in Windeln und legte ihn in eine Krippe,
weil in der Herberge kein Platz für sie war.

LIED »Uns wird erzählt von Jesus Christ«, 2. Str.

ERZÄHLERIN: Hirten waren bei den Schafen auf der Wiese.
Sie hörten als erste die Nachricht:
Christus ist geboren,
der Retter ist da.
Da sagten sie zueinander:
Wir gehen jetzt nach Bethlehem,
sofort, mitten in der Nacht.
Wir wollen sehen, was geschehen ist.
Wir wollen sehen, was Gott uns geschenkt hat.
Und sie eilten nach Bethlehem.
Sie fanden Maria und Josef.
Sie fanden das Kind in der Krippe.

LIED: »Uns wird erzählt von Jesus Christ«, 3. Str.

ERZÄHLERIN: Und als die Hirten gesehen hatten,
was geschehen war, da sagten sie es überall weiter:
»Jesus ist geboren, der Heiland ist da, der Retter der Welt.
Gott ist zu uns gekommen, nun wird alles gut.

Wir dürfen wieder Hoffnung haben,
denn Gott schenkt Frieden und Freude mit diesem Kind.«

LIED: »Uns wird erzählt von Jesus Christ«, 5. Str.

4. KIND: Auch wir wollen erzählen, was Großes geschah.
Der Herr ist geboren, der Retter ist da!
Krippe mit einer Jesusdarstellung wird in den (Altar-)Raum gestellt, dahinter eine große Rose aus Kreppapier.

BLINDER (5. KIND):
Ich war blind.
In völliger Dunkelheit lebte ich dahin.
Stockfinstere Nacht war es in meinem Leben,
das war furchtbar.
Jetzt aber sind mir die Augen aufgegangen über dem Kind,
über der leuchtenden Rose,
die Gott uns geschenkt hat.
Der Duft dieser kostbaren Rose ist so geheimnisvoll,
so heilsam, daß mir die Augen aufgesprungen sind.
Du zarte Rose,
du leuchtende Rose,
du heilsame Rose, erblüht in dunkler Nacht,
nun werde ich dich mein eigen nennen.
Du kostbare Rose,
du heilende Rose,
du rettende Rose,
mein eigen sollst du sein,
dein eigen will ich sein.
Instrumentalstück zu »Es ist ein Ros entsprungen«.
Das Kind mit den Rosen schenkt dem Blinden eine Rose, der sich damit an die Krippe stellt.

AUSSÄTZIGE (6. KIND):
Ich war aussätzig.
Ich wollte nicht allein ausgesetzt sein,
darum habe ich andere angesteckt.
Einen ekelhaften Geruch habe ich verbreitet
und damit anderen das Leben verdorben.

Da ist man mir aus dem Weg gegangen,
man hat mich allein gelassen,
ohne Hilfe.
Kalt war es in meinem Leben, hoffnungslos,
alles war wie abgestorben.
Plötzlich aber blühte mitten in der Kälte
diese zarte, wärmende Rose,
eine hoffnungsvolle Rose,
eine rettende Rose.
Sie hat sich vor mir nicht geekelt,
sie hat mich berührt.
Da bin ich gesund geworden.
Du geheimnisvolle Rose,
du hast mich geheilt.
Du zarte Rose, erblüht mitten in unserer kalten Welt,
ich darf dich mein eigen nennen.
Du heilende Rose,
du hoffnungsvolle Rose,
mein eigen sollst du sein,
dein eigen will ich sein.
Instrumentalstück zu »Es ist ein Ros entsprungen«.
Das Kind mit den Rosen schenkt dem Aussätzigen eine Rose,
dieser stellt sich damit an die Krippe.

LAHMER (7. KIND):

Ich war gelähmt.
Ich kam nicht vom Fleck,
ich blieb bei mir selbst hängen.
Alle sollten sich mit mir beschäftigen.
Ich sei unheilbar, so sagte man mir,
und ließ mich allein.
Ich war lahm und müde.
Ich konnte mich nicht aufraffen
und zu den anderen gehen,
um ihnen zu helfen und Gutes zu tun.
Meine Krücken trugen mich nicht weit.
Bald lag ich mit der Nase im Dreck.

Mit der Nase im Dreck, aber habe ich den Duft
einer herrlichen Rose gerochen.
Sie hat mich an sich gezogen
und mich aufgerichtet.
Diese lebendige Rose hat mich geheilt.
Sie hat mein Leben neu zum Blühen gebracht.
Meine Lähmung hat sie von mir genommen,
nun kann ich tanzen und springen vor Freude.
Du lebendige Rose,
du duftende Rose
erblüht, wo keiner es vermutet hätte,
ich darf dich mein eigen nennen.
Du kostbare Rose,
du heilende Rose,
du rettende Rose,
mein eigen sollst du sein,
dein eigen will ich sein.
Instrumentalstück zu »Es ist ein Ros entsprungen«.
Kind mit Rosen schenkt dem Lahmen eine Rose, und dieser
stellt sich damit an die Krippe. Wenn möglich, Rosen an alle
verteilen, die sich damit an die Krippe stellen.

LIED: »Es ist ein Ros entsprungen«

HERIBURG LAARMANN

Europäische Weihnachten

Benötigtes Material
Barbarazweig, Nikolauskleidung, Stroh, Krippe, Kerzen
4 Mitarbeiter
12 sprechende Darsteller (Alter 12-14 Jahre)
2 Sprecher (ab 12 Jahren oder Erwachsene)
Kinderchor, wenn möglich für ausländische Lieder

Vorbereitung
Die Texte zur Darstellung der Bräuche können von den Kindern selber
erarbeitet werden anhand von einschlägiger Literatur. Der Barbara-
zweig muß zeitig geschnitten werden, damit er auch blüht (4 Wochen).
Die Nikolauskleidung soll nur angedeutet sein. Die benötigte
Vorbereitungszeit ist, je nachdem, 2-4 Wochen.

Besondere Bemerkungen
Je nach Lage können Ausländer (ausländische Kinder) ihren Brauch
erklären und darstellen. Es müssen nicht alle Länder vorkommen (hier
sind die genannt, aus denen wir ausländische Arbeitnehmer haben). Es
können aber auch andere Länder (z. B. nordische) an ihre Stelle treten.
Es wäre schön, wenn die Kinder die Gestaltung der Bräuche selber
vorbereiten würden.

LEITERIN: Einführende Worte: Weihnachtsbräuche in aller Welt.
            Gastarbeiterkinder unter uns.
1. KIND: Ich komme aus der TÜRKEI.
2. KIND: Meine Eltern arbeiten in Deutschland, und ich gehe hier
            zur Schule.
            Beide Kinder haben einen (blühenden) Barbarazweig
            in der Hand.
1. KIND: Aus meiner Heimat stammt der Brauch, der auch bei euch
            in Deutschland bekannt ist: das Schneiden des Barbara-

zweiges. Um 250 nach Christus lebte in Nikomedia, dem heutigen Ismid, Barbara, die kluge und lernbegierige Tochter eines Fürsten. Sie ließ sich gegen den Willen ihres Vaters taufen und wurde Christin. Aus Zorn darüber ermordete der Vater seine eigene Tochter. In Erinnerung daran schneidet man an ihrem Todestag, dem 4. Dezember, Zweige von Kirschen, Schlehen oder Flieder ab, stellt sie ins Wasser im warmen Zimmer, so daß sie an Weihnachten blühen.

2. KIND: Die blühenden Zweige sind Zeichen für neuerwachtes Leben, mitten in der Todesstarre des Winters. Im Tod liegt der Keim zu neuem Leben. So denken Christen am Christfest auch an den Märtyrer Stephanus am Stephanustag und an das Kreuz Jesu.

SPRECHER 1: Wir hören ein Wort Jesu:

SPRECHER 2: Hört gut zu:»Das Weizenkorn muß in die Erde fallen und sterben, sonst bleibt es ein einzelnes Korn. Aber wenn es in der Erde stirbt, bringt es viel Frucht.« (Joh 12,24)

LIED ZUR FREIEN AUSWAHL

3. KIND: Ich komme aus GRIECHENLAND.

4. KIND: Meine Eltern arbeiten in Deutschland, und ich gehe hier zur Schule.

Beide Kinder oder eines der Kinder verkleidet sich als Nikolaus

3. KIND: Aus meiner Heimat kommt der Nikolaus, als Brauch auch in Deutschland bekannt. Um 350 nach Christus war Nikolaus Bischof in der Stadt Myra. In der Stadt war einst eine große Hungersnot. Die Getreideschiffe wurden von Seeräubern am Einfahren in den Hafen gehindert. Ein Ruderboot der Seeräuber solle mit Gold gefüllt werden. Erst dann bekomme das Getreideschiff die Erlaubnis zur Einfahrt. Aber es war kein Gold mehr in der Stadt. Für jedes Pfund Gold mußte nun ein Kind gebracht werden. Ein großes Geschrei hob in der Stadt an. Die Mütter weinten um ihre Kinder.

Aber der Bischof der Stadt, Nikolaus, brachte mit seinen Diakonen das ganze kostbare goldene Kirchengerät.

	Dadurch wurden die Kinder wieder frei, und die Hungersnot war vorbei.
4. KIND:	Nikolaus ist das Beispiel der Nächstenliebe, der Beschützer der Kinder und Versorger der Hungernden, und ist so zum Ansporn geworden, einander zu lieben, wie es Jesus getan hat und tut.
SPRECHER 1:	Wir hören ein Wort Jesu:
SPRECHER 2:	»Wenn Ihr einander liebt, dann werden alle erkennen, daß Ihr meine Jünger seid.« (Joh 13,35)
	Lied zur freien Auswahl
5. KIND:	Ich komme aus SERBIEN.
6. KIND:	Meine Eltern arbeiten in Deutschland, und ich gehe hier zur Schule.
	Beide Kinder tragen Stroh.
5. KIND:	Bei uns gibt es am Heiligen Abend die Sitte, daß man beim ersten Glockenläuten die Stube voll Stroh schüttet. Beim zweiten Läuten kniet man nieder und betet das Wunder Gottes in der Christnacht an. Die Weihnachtskrone wird in das Stroh gebettet. Während der Festtage schläft man nur auf Stroh. Die Festmahlzeit auf dem Teppich im Stroh bleibt immer gedeckt. Jeder kann essen, wann er will. Man braucht dazu keinen Tisch, denn Maria und Josef hatten einst auch keinen Tisch.
6. KIND:	Das Stroh deutet auf die Krippe hin und zeigt, wie arm Jesus war. Die Strohsterne in Deutschland machen uns ebenfalls auf die Armut und Bescheidenheit Jesu aufmerksam.
SPRECHER 1:	Wir hören ein Wort Jesus:
SPRECHER 2:	»Die Füchse haben ihren Bau, und die Vögel haben ihr Nest; aber der Menschensohn hat keinen Platz, wo er sich hinlegen und ausruhen kann.« (Lk 9,58)
	Lied zur freien Auswahl
7. KIND:	Ich komme aus ITALIEN.
8. KIND:	Meine Eltern arbeiten in Deutschland, und ich gehe hier zur Schule.
	Die Kinder tragen eine Krippe.

7. KIND:	Aus Italien stammt der auf der ganzen Erde bekannte Brauch, Krippen zu basteln und zu bauen. Er geht zurück auf eine römische Legende. Im Jahre 360, so erzählt man sich, soll der Bischof Liberius Teile der Originalkrippe aus Bethlehem geschenkt bekommen haben. Er errichtete dafür eine eigene kleine Kapelle. Noch heute wird in alten römischen Familien die Krippe gerichtet, und nach dem abendlichen Festessen kniet die Familie an der Krippe nieder, und der Hausvater legt eine Jesusfigur in die bis dahin leere Krippe.
8. KIND:	Die Krippe ist das Erkennungszeichen Jesu geworden, das Kennzeichen der Armut, das Zeichen der Liebe Gottes zu uns:»Sie legte ihn in eine Krippe.«
SPRECHER 1:	Wir hören ein Stück aus der Geburtsgeschichte Jesu:
SPRECHER 2:	Lk 2,1-7 *oder:* »Er, der ›Das Wort‹ heißt, wurde ein Mensch und lebte unter uns. Wir sahen seine göttliche Macht und Hoheit, eine Hoheit, wie sie dem einzigen Sohn des Vaters zusteht. In ihm hat Gott uns seine ganze Güte und Treue gezeigt.« (Joh 1,14) *Lied zur freien Auswahl*
9. KIND:	Ich komme aus SPANIEN.
10. KIND:	Meine Eltern arbeiten in Deutschland, und ich gehe hier zur Schule. *Die beiden Kinder haben noch ein ganz kleines Kind an der Hand und sind durch die Kirche gewandert, um dann von vorne aus zu sprechen.*
9. KIND:	Wir kennen in Spanien auch den Brauch, eine Krippe aufzustellen. Aber wichtiger ist uns, daß die Geschichte von damals unter uns lebendig wird. Die Geschichte von Maria und Josef mit dem Kind wird an vielen Orten in den Weihnachtstagen gespielt. Nicht in den Häusern, sondern auf der Straße, in der Öffentlichkeit. Irgendein Ehepaar mit einem kleinen Kind zieht durch die Straßen und sucht Quartier. Und bei diesem Spiel auf der Straße geht es fröhlich zu.

10. KIND:	Die Freude über das Kommen Jesu beherrscht die Fest-tage. Jesu Kommen bringt uns Freude.
SPRECHER 1:	Wir hören ein Stück aus der Geburtsgeschichte Jesu:
SPRECHER 2:	Lk 2,8-13

oder:

»Alle Ehre gehört Gott im Himmel! Sein Friede gilt allen auf der Erde, die sich von ihm lieben lassen!« (Lk 2,14)

Lied zur freien Auswahl

11. KIND:	Ich komme aus DEUTSCHLAND.
12. KIND:	Meine Eltern arbeiten mit Kolleginnen und Kollegen aus der Türkei, aus Jugoslawien, Griechenland, Italien und Spanien zusammen, und wir gehen mit ihren Kindern hier zur Schule.
11. KIND:	Bei uns ist Brauch, daß überall Kerzen brennen. Vom ersten Advent an werden Kerzen am Adventskranz ange-zündet. Am Christfest selbst wird der Christbaum mit Kerzen geschmückt. Elektrische Kerzen sind nur ein Notbehelf.
12. KIND:	Der Sinn der Kerzen ist: Jesus ist als das Licht in die Welt gekommen. Wie sich die Kerze beim Leuchten verzehrt, so hat sich Jesus aus Liebe zu den Menschen verzehrt. Die Kerze leuchtet andern, so wie Jesus für andere da war. Die Kerze ist für uns der Auftrag, auch so zu leuchten.
SPRECHER 1:	Wir hören ein Stück aus der Geburtsgeschichte Jesu:
SPRECHER 2:	Lk 2,15-18

oder:

»Ich bin das Licht der Welt. Wer mir folgt, hat das Licht, das zum Leben führt, und wird nicht mehr im Dunkeln tappen.« (Joh 8,12) »Ihr seid das Licht der Welt.« (Mt 5,14)

Lied zur freien Auswahl

KURT ROMMEL

Friede – Freiheit – Gerechtigkeit

Mitspieler
4 Mitarbeiter
Mehrere Sprecher
Bastelgruppe

Vorbereitungszeit
4-6 Wochen

Besondere Bemerkungen
Dieser Entwurf ist in der Praxis noch nicht ausprobiert und somit durch sie auch noch nicht korrigiert worden. Er soll aber als Anregung weitergegeben werden und Anreiz bieten, eigene Ideen und Gedanken einzubringen.

Sprechszene
Die Sprecher der Szene stellen sich im Altarraum der Kirche auf. Kinder aus der Gemeinde, die in der Vorweihnachtszeit die Krippenfiguren gearbeitet haben und auf ihre Aufgabe in diesem Gottesdienst vorbereitet sind, tragen ihre Figuren immer dann, wenn sie in der Szene zum ersten Mal vorkommen, nach vorn.

LEKTOR: Zu jener Zeit schickte Kaiser Augustus allen Untertanen im Reich den Befehl, sich zu einer Volkszählung in Listen eintragen zu lassen. Zur Zeit dieser ersten Volkszählung war Quirinius Gouverneur der Provinz Syrien. So zog jeder in die Heimat seiner Vorfahren, um sich dort zu melden. Auch Josef wanderte von Nazareth in Galiläa nach Bethlehem in Judäa, dem Geburtsort von König David. Er mußte dorthin, weil er von David abstammte. Er nahm seine Frau Maria mit, die ein Kind erwartete.

1. SPRECHER: Name?

2. SPRECHER: Josef.

1. SPRECHER: Familie?

2. SPRECHER: Haus Davids.

1. SPRECHER: Geburtsort?

2. SPRECHER: Nazareth.

1. SPRECHER: Beruf?

2. SPRECHER: Zimmermann.

1. SPRECHER: Familienstand?

2. SPRECHER: Verheiratet.

1. SPRECHER: Name der Frau?

SPRECHERIN: Maria

1. SPRECHER: Kinder?

SPRECHERIN: Noch nicht.

1. SPRECHER: Was heißt das?

SPRECHERIN: Wir erwarten ein Kind in den nächsten Tagen.

1. SPRECHER: Das interessiert nicht. Keine Kinder. Der nächste bitte. –

SPRECHERIN: Damals begann es, gerade damals,

2. SPRECHER: zum erstenmal.

1. SPRECHER: Menschen, wie Vieh umhergetrieben.

SPRECHERIN: Auch schwangere Frauen,

2. SPRECHER: auch Säuglinge,

1. SPRECHER: Kranke,

SPRECHERIN: Alte,

2. SPRECHER: Arbeitslose,

1. SPRECHER: Flüchtlinge,

SPRECHERIN: Kriegsgefangene.

2. SPRECHER: Umhergetrieben wie Vieh –

1. SPRECHER: um registriert zu werden.

SPRECHERIN: Geschätzt nach ihrem Steuerwert,

2. SPRECHER: nach ihrem Arbeitswert,

SPRECHERIN: nach ihrem Rüstungswert.

2. SPRECHER: Damals begann es,

SPRECHERIN: gerade damals,

1. SPRECHER: zum erstenmal.

LEKTOR: Während des Aufenthalts in Bethlehem kam für Maria die Zeit der Entbindung. Sie brachte ihren ersten Sohn zur Welt, wickelte ihn in Windeln und legte ihn in einem Stall in die Futterkrippe. Im Gasthaus war nämlich kein Platz mehr.

1. SPRECHER: Ein Mensch – wie wir.

SPRECHERIN: Eine Nummer – wie wir.

2. SPRECHER: Ein Rädchen – wie wir.

Lied zur freien Auswahl

1. SPRECHER: Ein Mensch – wie wir.

SPRECHERIN: Eine Nummer – wie wir.

2. SPRECHER: Ein Rädchen – wie wir.

1. SPRECHER: Und doch – der Heiland?

SPRECHERIN: Und doch – der Herr?

2. SPRECHER: Und doch – Gottes Sohn?

LEKTOR: Es gab einige Schäfer in der Gegend. Die blieben über Nacht draußen und bewachten ihre Herden. Ein Bote Gottes kam zu ihnen, und die Männer spürten die Nähe Gottes. Sie fürchteten sich sehr, aber der Bote sagte: Ihr braucht euch nicht zu fürchten! Ich bringe gute Nachricht für euch, über die sich alle Menschen freuen werden. Heute nacht wurde in der Stadt Davids euer Retter geboren – Christus, der Herr! Ihr könnt euch überzeugen: Ihr werdet ein Kind finden, eingewickelt in Windeln. Es liegt in einer Futterkrippe.

1. SPRECHER: Ein Kind –

SPRECHERIN: in Windeln –

2. SPRECHER: in einem Futtertrog!

SPRECHERIN: Was soll das Kind?

1. SPRECHER: Wir brauchen kein Kind, sondern einen Retter, der uns die Angst nimmt!

SPRECHERIN: Die Angst vor Krieg und Not,

1. SPRECHER: die Angst vor Schuld und Einsamkeit,

2. SPRECHER: die Angst vor Tod und Leben,

1. SPRECHER: vor der Zukunft,

SPRECHERIN: vor den andern,

2. SPRECHER: vor uns selbst.

LEKTOR: Ihr braucht euch nicht zu fürchten!
Ich bringe gute Nachricht für euch.

1. SPRECHER: Wir brauchen den Frieden für alle!

SPRECHERIN: Die Freiheit für alle!

2. SPRECHER: Die Gerechtigkeit für alle!

LEKTOR: Ich bringe gute Nachricht für euch, über die sich alle Menschen freuen werden.

1. SPRECHER: Wir suchen das Geheimnis, wie man ein Mensch wird.

2. SPRECHER: Mensch – nicht Nummer!

1. SPRECHER: Mensch unter Menschen – heute.

SPRECHERIN: Mensch in der Welt – heute.

2. SPRECHER: Mensch vor Gott – heute.

LEKTOR: Heute nacht wurde in der Stadt Davids euer Retter geboren – Christus, der Herr!
Ihr könnt euch überzeugen: Ihr werdet ein Kind finden, eingewickelt in Windeln. Es liegt in einer Futterkrippe.

1. SPRECHER: Das ist das Wunder!

SPRECHERIN: Er wird uns ähnlich.

2. SPRECHER: Gott wird ein Mensch.

1. SPRECHER: Für uns – die Menschen,

SPRECHERIN: die Nummern,

2. SPRECHER: die Rädchen!

SPRECHERIN: Das ist ein Wunder!

LEKTOR: Plötzlich stand eine große Schar Engel neben dem Boten, und sie sangen Loblieder auf Gott:
Gelobt sei Gott dort oben im Himmel!
Friede allen Menschen, die er liebt!
Als die Engel zu Gott zurückgekehrt waren, sprachen die Schäfer miteinander:
Gehen wir doch nach Bethlehem und sehen uns an, was Gott uns bekanntmachen ließ. Sie machten sich unverzüglich auf den Weg und fanden Maria und Josef. Sie sahen das Kind in der Krippe liegen.

Bald darauf kamen einige sternkundige Männer aus dem Osten nach Jerusalem und fragten: Wo finden wir den kürzlich geborenen jüdischen König? Wir sahen seinen Stern am Osthimmel aufgehen und sind gekommen, uns vor ihm niederzuwerfen. Als Herodes das hörte, geriet er in Aufregung, und mit ihm ganz Jerusalem. Er ließ alle Hohenpriester und Gelehrten zu sich kommen und fragte sie: Wo soll der verheißene König geboren werden? Ihre Antwort: In der Stadt Bethlehem in Judäa. Denn so steht's bei dem Propheten geschrieben:

Du Bethlehem im Lande Juda bist keineswegs die kleinste unter den Städten Judas, denn du wirst den Mann hervorbringen, der mein Volk Israel führen wird.

Daraufhin rief Herodes die Sternkundigen heimlich zu sich und fragte sie aus, wann sie den Stern zuerst gesehen hatten. Dann schickte er sie mit dem Auftrag nach Bethlehem, sich genau nach dem Kind zu erkundigen. Wenn ihr es gefunden habt, gebt mir Nachricht, damit auch ich mich vor ihm niederwerfen kann! Danach reisten die Männer ab und folgten wieder dem Stern, der sie schon bisher geführt hatte. Er wies ihnen die Stelle, wo das Kind war. Sie freuten sich mächtig, als sie den Stern dort erblickten. Sie gingen in das Haus und sahen das Kind mit seiner Mutter Maria. Sie warfen sich nieder und huldigten ihm, öffneten ihr Reisegepäck und überreichten ihm Gold, Weihrauch und Myrrhe.

1. SPRECHER: Er ist unser Friede!
SPRECHERIN: Er ist unsere Freiheit!
2. SPRECHER: Er ist unsere Gerechtigkeit!
Lied zur freien Auswahl

ERNST LANGE
Aus »Weihnachtsstunde«

Wir haben es vernommen

Die Geburt des Jesuskindes hat sich herumgesprochen. Eine bunt zusammengewürfelte Schar von Menschen versammelt sich an der Krippe, um das Kind mit Gesang und mit Geschenken zu erfreuen.
Das Singspiel eignet sich bereits für Kinder ab ca. 5 Jahren. Die Sänger stehen im Halbkreis um eine Krippe. Die Spieler treten jeweils hervor und legen an der Krippe ihre Geschenke nieder. Sologesang einzelner Strophen lockert das Spiel auf, muß aber nicht sein.

Wir haben es vernommen

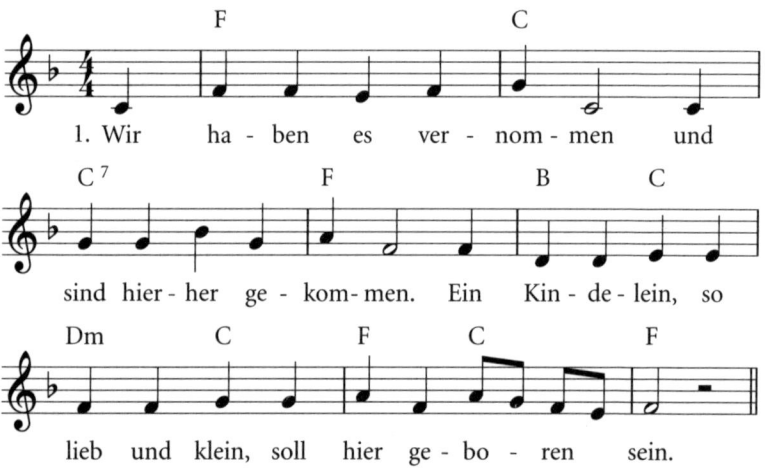

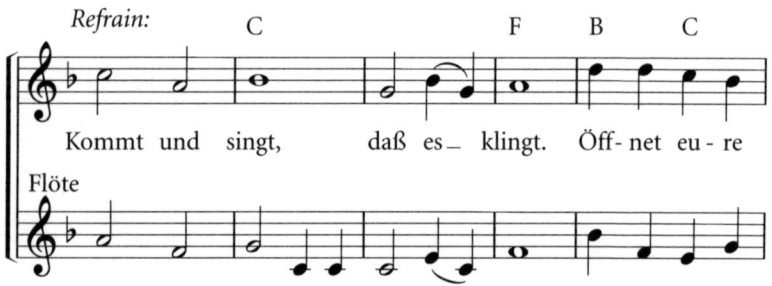

Her - zen dem lie - ben Je - sus - kind.

Vor- und Zwischenspiel:
1. Flöte

2. Flöte

Glockenspiel

Xylophon

ALLE: Wir haben es vernommen
         und sind hierher gekommen.
         Ein Kindelein,
         so lieb und klein,
         soll hier geboren sein.

         Kommt und singt, daß es klingt!
         Öffnet eure Herzen dem lieben Jesuskind.

ALLE: Wir wollen heute singen
und auch Geschenke bringen,
dem Kindelein,
so lieb und klein,
es soll sich dran erfreun.

KIND MIT EINER MÜTZE:
Ich bring ihm eine Mütze,
daß sie vor Kälte schütze
zwei kleine Ohren,
halb erfroren,
hier im Stall geboren.

KIND MIT EINEM FELL:
Ich bring auf alle Fälle
dem Kindlein warme Felle.
Deck's zu ganz sacht
und geb schön acht,
daß's Kindlein nicht aufwacht.

DIE DREI WEISEN AUS DEM MORGENLAND:
Und wir sind drei Propheten.
Wir folgten dem Kometen.
Am Himmelszelt
hat er die Welt
mit seinem Schein erhellt.

ENGEL MIT EINEM TANNENZWEIG:
Ich komm vom Himmel droben
und will das Kindlein loben.
So nimm denn hin
dies Zweiglein grün.
Es soll für dich erblühn.

KIND MIT EINER BLUME:

> Ich schenke eine Blume
> dem Gottessohn zum Ruhme,
> nimm's hin, geschwind,
> du liebes Kind,
> damit's dir Freude bringt.

MUSIKANTEN:

> Wir sind drei Musikanten
> und woll'n dem Kindlein danken.
> Kommt all und singt,
> die Saiten stimmt,
> zum Lob dies Lied erklingt.

ALLE:

> Drum preisen wir jetzt alle
> das Kindelein im Stalle.
> Mach du uns rein
> mit deinem Schein.
> In unser Herz kehr ein!

ANNEMARIE WOLF

Das gestohlene Christkind

Personen

Ilona, ein Zigeunerkind – Erzähler – 1. Kind – 2. Kind – 3. Kind – 4. Kind –
5. Kind – 6. Kind – 7. Kind (oder mehr) – Sakristan – Pfarrer – Ministranten

Vorzubereiten:

eine Krippe im Chor der Kirche, ein angedeuteter Stall im Feld, mehrere
Mikrophone (wenn notwendig).

1. Szene: Die Krippe wird aufgebaut

Die Orgel spielt eine adventliche Melodie zur Einstimmung

ERZÄHLERIN: Morgen (bald) ist Heiliger Abend. Die Zeit des Wartens auf
das Christkind geht zu Ende. Ganz besonders glücklich
und aufgeregt zugleich sind die Kinder der 2. Klasse.
Seitdem ihnen Pfarrer N. gesagt hat, daß sie heute nachmittag beim Aufbau der Krippe mithelfen dürfen, sind sie
fast nicht mehr zu halten. Der Sakristan hat schon alles
vorbereitet. Er hat frisches Stroh für die Krippe besorgt
und die Krippenfiguren aus dem dunklen Kasten geholt.
Sakristan stellt an der Krippe noch was zurecht.
Nun ist es soweit. Nur die Kinder fehlen noch. Doch, hört
… ich glaube, dort kommen sie.
*Die Kinder kommen ziemlich laut von hinten in die Kirche
herein und eilen sofort zur leeren Krippe.*

SAKRISTAN: Geht's etwas leiser?
Keinen Respekt vor der Kirche habt ihr – schämt euch!

1. KIND: Ich freu' mich eben auf morgen abend.

SAKRISTAN: Vergeßt trotzdem nicht, daß ihr in einer Kirche seid.

2. KIND: Gestern habe ich im Schrank ein großes Paket gesehen.
Das ist bestimmt mein Elektro-Kasten, den ich mir so
sehr gewünscht habe.

3. KIND:	Mein neues Rad steht schon im Keller.
4. KIND:	Und ich bekomme Video-Spiele.
SAKRISTAN:	Hört endlich auf mit eurem dummen Geschwätz.
	Helft jetzt lieber mit, die Krippe herzurichten, sonst ist sie morgen abend in der Hirtenmesse noch leer.
5. KIND:	Ich lege das Christkind in die Krippe.
	Erhält vom Sakristan das Christkind und legt es in die Krippe.
6. KIND:	Und ich stell' den Josef daneben.
	Erhält die Figur vom Sakristan und stellt sie daneben.
ILONA:	Und was darf ich machen?
7. KIND:	Du? – überhaupt nichts. Dich mögen wir eben nicht.
1. KIND:	Ilona ist eine Zigeunerin …!
ALLE:	Ilona ist eine Zigeunerin …!
2. KIND:	Du hast schmutzige Hände, und du stiehlst.
4. KIND:	Mein Vater hat gesagt, vor dir müsse man Angst haben!
	Der Sakristan kommt wieder mit einer Krippenfigur.
ILONA:	*(wehrt sich)* Das ist gar nicht wahr. Ihr lügt alle!
5. KIND:	Zigeuner haben hier nichts zu suchen!
SAKRISTAN:	Müßt ihr jetzt, einige Stunden vor Weihnachten, noch miteinander streiten? – Schämt ihr euch nicht?
	Die Kinder werden still und etwas verlegen.
SAKRISTAN:	So – und jetzt geht ihr alle nach Hause. Ich schaff' es lieber allein. Schaut, daß ihr euch wieder vertragt. Und morgen – kommt pünktlich.

Die Kinder gehen langsam durch die Kirche. Auch Ilona, als letzte von allen. Da bleibt sie etwas zurück und läßt die anderen Kinder hinausgehen. Der Sakristan geht in die Sakristei.
Ilona rennt zurück zur Krippe, holt das Christkind, drückt es an sich und geht zu einem Stall. Dieser kann auch nur angedeutet sein, vielleicht in einer Seitenkapelle. Wichtig ist, daß Ilona dort gut gesehen und gehört werden kann.
Sie setzt sich mit dem Kind im Schoß hin und wiegt es.
(Hier kann ein Adventslied gesungen werden, z. B. GL 105 »O Heiland, reiß die Himmel auf«.)

2. Szene: Das Christkind ist weg!

ERZÄHLERIN: Ihr selber habt gesehen, wie schlecht die Kinder mit Ilona waren. Sie hat mir leid getan. Wie können Kinder so lieb los und ungerecht sein?

Oder – haben die Kinder vielleicht doch recht gehabt? Stiehlt Ilona tatsächlich? Ist sie nicht gerade vorhin nochmals zur Krippe zurückgekehrt? Und wie sie gerade da vor mir durchgelaufen ist, da habe ich etwas in ihren Armen gesehen. Schnell wie ein Dieb ist sie gelaufen und drüben im Felde verschwunden. Wenn das nur ein gutes Ende nimmt …

(Vom Tonband festliches Geläut der Kirche. Die Kinder kommen zurück, diesmal wohlgesittet. Teils haben sie Spielzeug bei sich.)

ERZÄHLERIN: Nun ist der Heilige Abend gekommen. Die Kinder sind zum Weihnachtsgottesdienst zurückgekehrt.

3. KIND: War das ein schönes Fest. Ich hab' ein Fahrrad erhalten.

6. KIND: Schön haben wir es gehabt und viel und gut gegessen.

7. KIND: Bis ich nur alle Bücher gelesen habe, die ich zu Weihnachten bekommen haben.

1. KIND: Das ist noch gar nichts, ich habe noch viel mehr …

2. KIND: Seid doch jetzt still. Der Gottesdienst beginnt gleich.

3. KIND: Wir wollen miteinander einziehen und zuerst die Krippe anschauen gehen.

4. KIND: Es ist Weihnachten!

Die Kinder treten zur Krippe hin. Die Orgel stimmt das »Stille Nacht« an. Man singt einige Takte, plötzlich brechen die Orgel und das Singen ab.

5. KIND: Oje … das Christkind ist weg!

6. KIND: Jemand hat das Jesuskind gestohlen.

7. KIND: (SUCHT ÜBERALL) … Ich finde es nirgendwo.

1. KIND: Wo nur Ilona ist?

3. KIND: Kommt … wir gehen sie suchen.

ALLE: Ilona hat das Christkind gestohlen …
Ilona hat das Christkind gestohlen …

Die Kinder suchen überall in der Kirche nach Ilona, dann sammeln sie sich hinten und warten auf den nächsten Einsatz.

3. Szene: Ilona hat das Christkind

ERZÄHLERIN: Nach allen Seiten hin sind die Kinder gegangen auf der Suche nach Ilona. Noch können sie es nicht glauben, daß jemand das Christkind aus der Krippe stehlen kann. Und dazu noch am Heiligen Abend! Nur ein schlechter Mensch kann so etwas getan haben. Das sagen alle Leute in der Pfarrei. Und unsere Zweitkläßler sind sich ganz sicher, daß nur Ilona dieser böse Mensch sein könne. Tatsächlich hat ja Ilona das Christkind aus der Krippe geholt. Dort drüben sitzt sie, in einer alten Scheune. Schaut – sie wiegt das Christkind im Arm, wie es Mütter mit ihren Kindern tun. Ilona liebt das Christkind, wie man ein echtes Kind gern hat. Sie hält es fest an sich und singt ihm ein schönes Wiegenlied:

ILONA: »Still, still, still, weil's Kindlein schlafen will« *oder ein ähnliches Lied*

ERZÄHLERIN: Kann ein Mensch wirklich so schlecht sein, wenn er so schön singt und sein Kind so gern hat? Doch hört, die Kinder kommen näher. Man hört sie reden und schimpfen. Sie betreten den Stall und finden endlich Ilona – und das Christkind.

4. KIND: Da ist sie ja.

5. KIND: Du freches, elendes Mädchen.

6. KIND: Du Zigeunerin.

7. KIND: Lumpenpack – wart, ich zeig's dir. *Geht drohend auf Ilona zu und schlägt sie.*

1. KIND: Nehmt ihr das Kind weg! *Das 7. Kind nimmt ihr das Christkind weg und behält es bei sich.*

2. KIND: Du bekommst dann eine rechte Strafe …

3. KIND: … stehlen in der Kirche … und dazu noch an Weihnachten.

ERZÄHLERIN: So sind die Kinder über Ilona hergefahren. Geschlagen haben sie und Ilona so behandelt, als wenn sie die größte Verbrecherin wäre.

Ilona weint, wehrt sich aber kaum. Sie läßt sich am Arm packen. Und mitten in der erregten Kinderschar wird sie zurück ins Dorf geführt.

Die Orgel spielt einige Takte unruhiger Musik. Der Sakristan und einige Helfer zünden die Kerzen auf dem Altar und am Weihnachtsbaum an.

4. Szene: Friede auf Erden den Menschen guten Willens

ERZÄHLERIN: Und so sind sie zur Kirche gekommen. Der Sakristan zündet gerade die Kerzen an, und der Herr Pfarrer will mit den Ministranten den Chor betreten.

Mit viel Lärm zieht die Kinderschar in die Kirche ein und läuft direkt zum Altar. Ilona in ihrer Mitte wie eine Schwerverbrecherin.

4. KIND: Da ist die Diebin, die scheinheilige Ilona.

5. KIND: So eine Schande hat sie uns gemacht, uns und allen in der Gemeinde.

7. KIND: Hier ist das Christkind.

Zum Glück ist ihm nichts geschehen.

6. KIND: Aber jetzt passiert etwas.

PFARRER: He – nur nicht so vorlaut. Bevor Ilona nicht selber gesprochen hat, wird sie nicht verurteilt. Man hört ja immer nur euch schimpfen und lärmen. Ilona läßt ihr gar nicht zu Worte kommen, um sich zu verteidigen. Komm, Ilona, erzähl du mal, was geschehen ist.

ILONA: *zögert zunächst und schweigt*

PFARRER: Hab keine Angst – sprich frei und offen heraus!

ILONA: Als wir … gestern nachmittag … hier in der Kirche … die Krippe bereit machten … da wollt ich eben auch mithelfen. Und da haben … alle gesagt … ich sei eine Zigeunerin … ich hätte schmutzige Hände … ich dürfe nicht mitma-chen … vor mir müsse man Angst haben … Und dann haben sie erzählt … was sie zu Weihnachten erhalten wer-

den … und ich weiß, daß ich dies Jahr nichts bekomme,
weil Mutter krank ist … und der Vater keine Arbeit hat.
Und weil ich eben auch ein wenig Freude haben wollte,
weil ich auch glücklich sein möchte … habe ich das
Christkind genommen. Nicht lange … nur kurze Zeit …
ich wollte spielen mit ihm … ich hätte es sicher wieder
zurückgebracht. *Die Kinder sind ganz still geworden. Nach einer kleinen
Pause fährt der Pfarrer fort.*

PFARRER: So, Kinder – jetzt haben wir es gehört. – Was meint ihr
jetzt? Ist das, was Ilona gemacht hat, so schlimm? Ist sie
deswegen eine Diebin, ein schlechter Mensch?
Wer von euch hat gestern vom Christkind gesprochen?
Habt ihr nicht immer nur erzählt, was ihr bekommen
werdet und wie groß eure Geschenke sein müßten? Ilona
aber war die einzige, die sich um das Christkind – die
Hauptperson – gekümmert hat. Müssen wir nicht alle uns
fest schämen und rot werden im Gesicht? Ist Jesus in
Bethlehem nicht zu den armen Leuten gekommen, zu den
Hirten und Bettlern. Und jene, die in Jerusalem oben
Feste feierten, haben nichts bekommen. Sie haben Jesus
verpaßt. So steht es doch im Weihnachts-Evangelium von
Lukas, das wir uns jetzt anhören wollen:
»Josef von Nazareth ist zusammen mit Maria, seiner
Verlobten, nach Bethlehem gezogen, um sich dort in die
Steuerlisten eintragen zu lassen. Er stammte ja aus einer
alten Familie in Bethlehem.
Maria hat unter ihrem Herzen ein Kind getragen. Und als
sie in Bethlehem angekommen waren, da hat sie einen
Sohn geboren. Sie hat ihn in Windeln gewickelt und in eine
Krippe gelegt, weil in den Gasthöfen kein Platz war. In der-
selben Gegend haben Hirten ihre Nachtwachen gehalten.
Plötzlich ist ihnen am Himmel ein Engel erschienen. Viel
Licht umstrahlte ihn, so daß sich die Hirten sehr fürchte-
ten. Doch der Engel konnte sie beruhigen, indem er sprach:
Fürchtet euch nicht. Ich werde euch etwas Wunderbares

verkünden. Heute nacht ist euch ein Retter geboren worden, hier in Bethlehem, in der Davids-Stadt. Es ist Christus, unser Herr. Geht, und ihr werdet das Kind finden, eingewickelt in Windeln. Dort drüben in einer Höhle.

Und plötzlich sind noch viel mehr Engel am Himmel erschienen. Sie haben Gott gerühmt und ihm gesungen: »Ehre sei Gott in der Höhe, und auf Erden ist Friede bei den Menschen seiner Gnade.«

Habt ihr es gehört, ihr Kinder und ihr Großen hier in der Kirche? Friede wird nur jenen Menschen geschenkt, die ein offenes Herz haben, die sich nach Liebe sehnen. Ein Herz, das Liebe sucht und weiterschenkt. – Das Christkind kommt zu Menschen, die streiten, damit sich diese aussöhnen. Dann können Friede und Freude ins Herz kommen. Den Frieden zu haben, ist das größte Geschenk. Es ist noch lange nicht Weihnacht geworden, auch wenn ihr heute abend noch so viele und so große Geschenke bekommen hättet. Weihnacht wird dann, wenn wir den Frieden, wenn wir Jesus im Herzen haben. Wenn wir alle einander Liebe schenken. Dann wird Weihnachten.

1. KIND: Ich sehe ein, wir alle haben einen großen Fehler gemacht.

2. KIND: Wir haben Ilona schlecht hingestellt.

3. KIND: *(zu Ilona)* Du bist gar keine Diebin.

4. KIND: Ilona hat sich viel mehr um Jesus gekümmert als wir alle zusammen.

5. KIND: Wir wollen uns entschuldigen.

6. KIND: In Zukunft gehörst auch du in unseren Freundeskreis.

7. KIND: Komm, nimm das Jesuskind, und leg du es in die Krippe. So ist es richtig.

Ilona legt jetzt das Christkind in die Krippe.

PFARRER: Jetzt wird es vielleicht auch uns allen froh und warm ums Herz. Jetzt ist auch bei uns Weihnachten geworden. Mit aller Freude singen wir jetzt unser liebstes Weihnachtslied, »Stille Nacht«.

ERICH RICHNER
Nach einer Erzählung von Jakob Kneip

Frühling auf dem Berg

Das Stück ist dem historischen Weihnachtsgeschehen von Greccio im Jahre 1223 nachgeschrieben. Es atmet den Geist des Franz von Assisi. Das Spiel kann gut in der Kirche aufgeführt werden. Vorzubereiten: Marktstand, Krippe.

Personen

Franz von Assisi – Erzählerin – zwei Streitende – Krämer – Käuferin – Soldat – Mann oder Frau – Räuber – zwei Klatschbasen – reiche Dame – Bettler oder Bettlerin

Einführung

Leise Musik zur Einstimmung. Die Kirche liegt noch im Dunkeln. Scheinwerfer beleuchtet ErzählerIn am Ambo.

ERZÄHLERIN: Vor langer Zeit hat sich diese Geschichte zugetragen.
Es war genau im Dezember 1223 bei Greccio, in Italien, im Rieti-Tal.
Damals war eine böse Zeit. Kälte und Dunkelheit allüberall. Kälte auch in den Herzen der Menschen. Man fürchtete sich, nach Einbruch der Dunkelheit das Haus zu verlassen. Die Leute hatten Streit miteinander, und Räuber lauerten im Dunkel.
Ist die Zeit heute besser? Gibt es nicht auch heute viel Angst und Bosheit? Unsere Geschichte könnte doch auch heute spielen – vielleicht sogar jetzt und hier – bei uns.
Schaut – dort kommt der heilige Franziskus …
Franziskus, in eine Kutte gekleidet, kommt langsam in den Raum.
Vor einigen Wochen ist er hierher in unsere Gegend gekommen. Von Assisi sei er hergekommen, aus seiner Vaterstadt. Er will hier predigen und den Leuten ins

	Gewissen reden. Frohe Botschaft will er uns bringen.
	Die Leute auf dem Marktplatz warten schon auf ihn.
	Gehen wir, hören auch wir mit …
FRANZ:	Liebe Schwestern und Brüder,

FRANZ: Liebe Schwestern und Brüder,
darf ich euch die schönste Geschichte erzählen, die es überhaupt gibt. Sie steht hier, in der Bibel … *(zeigt Bibel)* Damals regierte der Kaiser Augustus im weiten römischen Kaiserreich. Da wollte er eines Tages wissen, wie viele Leute eigentlich in seinem Reich wohnten. Und so befahl er: Jedermann muß sich in eine lange Liste einschreiben lassen. Jeder an seinem Heimatort.
Und so hat Josef aus Nazareth den treuen Esel aus dem Stall geholt und Maria auf ihn gehoben. Sie beide mußten den weiten Weg nach Bethlehem gehen. Und was die Reise noch schwerer machte: Maria trug ein Kind unter ihrem Herzen. Bald sollte es geboren werden.

LEUTE: … eine langweilige Geschichte.
… die kennen wir schon längst.
… weißt du nichts Besseres zu erzählen?
Die Leute schimpfen und wenden sich von Franziskus ab.
Dieser steht plötzlich allein da, enttäuscht läßt er den Kopf hängen.

ERZÄHLERIN: Wie er mir leid tut – der gute Franz von Assisi.
Die Menschen wollen nicht auf ihn hören.
Arme Leute sind das, mit verstockten Herzen.
Sie interessieren sich nicht für das Gute und Heilige.
Franz kann ihnen seine Frohe Botschaft nicht schenken.
Kurze Musik der Orgel, schrille Mißtöne

1. Szene: Die Streitenden

Zwei Streitende (A, B) kommen und schlagen sich.

A: So – jetzt hast du, was du verdienst.
B: Warte nur – ich geb's dir zurück!
A: Frech wirst du auch noch!
B: Du hast angefangen …
A: Kannst noch mehr haben …

B:	...	*(B weint, beide raufen sich. Da kommt Franz.)*
FRANZ:		Hört doch auf. Um Gottes willen – hört auf!
		Seid doch vernünftig. Schließt Frieden miteinander.
		Gebt einander die Hand!
		A und B trotzen, halten die Hände auf dem Rücken.
FRANZ:		Kommt mit, ich zeige euch etwas ...
A:		Was will der uns schon zeigen können?
FRANZ:		Kommt mit mir hinauf auf den Berg ...
		Dort oben ist Frühling.
B:		... *(lacht)*
		... wer hat schon so etwas gehört?
		Jetzt Frühling, mitten im Winter.
FRANZ:		Kommt mit!
		A und B zögern, folgen aber dann doch langsam.

2. Szene: Auf dem Markt

Ein Krämer steht hinter seinem Stand und preist seine Ware an. Eine Käuferin tritt hinzu.

KRÄMER:	Schöne Ware ... ganz billig ... und gut!
KÄUFERIN:	Grüß Gott ... geben Sie mir ein Kilogramm Zucker.
	Was kostet das? *(kramt in der Geldtasche)*
KÄUFERIN:	– *(schaut verwundert)* – Na, so was –
	(Krämer hält Daumen auf dem Gewicht.)
	Das ist kein Kilogramm Zucker.
	Sie haben ja Ihren Daumen mitgewogen!
KRÄMER:	Sie freche Person! Das hat mir noch nie jemand gesagt.
KÄUFERIN:	Ich hab's genau gesehen.
KRÄMER:	Unverschämtes Weib!
KÄUFERIN:	Ein Betrüger sind Sie, ja, das sind Sie.
KRÄMER:	Lügnerin ... *(Da kommen Franz und die Begleiter hinzu.)*
FRANZ:	Halt – so geht es doch nicht.
	Muß immer gleich gestritten sein?
KRÄMER:	Ich lasse mich nicht beleidigen!
KÄUFERIN:	Und ich lass' mich nicht betrügen!
FRANZ:	Gebt Frieden – versöhnt euch miteinander!
KRÄMER:	So schnell geht das nicht.

FRANZ: Ich weiß eine Lösung.

Kommt auch ihr mit auf den Berg.

Ich will euch etwas zeigen …

Beide zögern, dann folgen sie langsam.

3. Szene: Krieg

Ein Soldat mit dem Schwert in der Hand tritt auf.

SOLDAT: Der Krieg ist los –

– da fließt das Geld!

Der Krieg ist los –

– da fließt das Blut!

Der Krieg ist los –

– da fließt der Wein!

Der Krieg ist los –

– die Welt ist mein!

MANN ODER FRAU:

Gott im Himmel.

Krieg ist ausgebrochen!

Die Soldaten kommen …

SOLDAT: Sprich dein letztes Gebet.

Dein Leben ist hin.

Soldat bedroht ihn/sie mit der Waffe.

MANN ODER FRAU:

Hab Erbarmen!

Laß mich leben!

SOLDAT: Hier gibt's kein Erbarmen!

Franziskus und die Begleiter kommen.

FRANZ: Halt – töte nicht! Sei vernünftig!

Dieser Mann/diese Frau hat dir nichts zuleide getan.

Laß ihn/sie leben!

SOLDAT: Hier befehle ich und nicht du.

FRANZ: Und ich sage dir: Komm auch du mit!

Auf dem Berg oben blüht der Frühling.

Und du (zum Mann / zur Frau) – kommst auch gleich mit.

Alle folgen Franziskus ein Stück weiter.

Hier kann ein Adventslied gesungen werden.

4. Szene: Klatschbasen

Zwei Klatschbasen (C und D) stecken die Köpfe zusammen
und tuscheln.

C: … Ja, was du nicht sagst!

D: Ich weiß es ganz genau, hab's selber gesehen!

C: Das hätte ich von der auch nicht gedacht.

D: Ich weiß noch viel mehr.

               Auch ihr Mann habe Dreck am Stecken!

C: So ein Heuchler!:

D: *(flüstert ihr etwas ins Ohr)*

               Vor kurzem war sogar die Polizei an der Tür!

C: … *(lacht laut)*

               Das muß ich meinen Freundinnen erzählen!

FRANZ: Was mußt du weitererzählen?

               Eure Gerüchte und Verleumdungen? Ihr Klatschbasen!

               Andere Leute durchhecheln, das könnt ihr.

               Aber Gutes tun und Wahres erzählen …

               … das kommt euch nicht in den Sinn.

D: Lustig und spannend ist es aber immer noch gewesen.

FRANZ: Ich weiß etwas viel Besseres.

               … Kommt auch ihr mit mir!

C: Komm, wir gehn mal mit.

               Da gibt's sicher wieder was zu tratschen.

               C und D ziehen sorglos mit.

5. Szene: Räuber

Franz kommt mit seinen Leuten wieder in die Szene zurück.
Da schleicht sich ein Räuber an die Gruppe heran und
versucht, dem Krämer die Brieftasche wegzunehmen.
Dieser wehrt sich und ruft:

KRÄMER: Da hat mich einer bestohlen!

MANN: Haltet den Dieb – haltet den Dieb!

               Dieb will gegen Mittelgang hin fliehen, bleibt aber stehen,
*   da er Franz kommen sieht.*

FRANZ: Bleib stehen – du rennst in dein Unglück.

               Gib die Brieftasche zurück.

RÄUBER:	Nie im Leben ... Ich bin selber arm.
	Niemand schneidet mir Brot ab oder lädt mich ein.
	Da sorge ich eben selber für mich.
FRANZ:	Aber so geht es doch nicht.
RÄUBER:	Bei mir schon.
FRANZ:	Ich will dich auf den rechten Weg weisen.
	Komm auch du auf den Berg.
	Ich werde dir etwas zeigen ...
	Räuber zögert zunächst, dann folgt auch er.

6. Szene: Reiche Dame

	Es tritt eine reiche, vornehm gekleidete Dame auf.
	Sie ist mit Schmuck behangen und trägt einen modischen Hut.
	Zigaretten im Halter zwischen den Fingern.
BETTLERIN:	... eine milde Gabe ... vornehme Dame, bitte.
DAME:	Geh mir aus dem Weg!
BETTLERIIN:	Ich habe Kinder daheim ... und eine kranke Frau/Mann.
DAME:	Nicht einmal an Weihnachten hat man seine Ruhe.
BETTLER/IN:	... auch wir möchten Weihnachten feiern ...
	... und ein wenig glücklich sein.
DAME:	Geh bei andern betteln!
	Nicht bei mir!
	Ich gebe nichts!
	Franz sieht zu und schüttelt den Kopf.
FRANZ:	Kann ein Mensch so hart und kalt sein?
	Brennt da im Herzen kein bißchen Liebe mehr?
DAME:	Mir gibt auch niemand etwas!
	Ich muß auch selber für mich sorgen.
FRANZ:	Da ist aber noch jemand, der sich um dich sorgt.
	Komm auch du auf den Berg, dort will ich ihn dir zeigen.
	Droben, wo Frühling ist.
DAME:	... *(lacht laut)* Frühling an Weihnachten!
FRANZ:	Komm und schau. Und du auch!
	Die Armen verdienen das Glück zuallererst.
	Beide zögern, gehen dann aber mit.

7. Szene: Das Fest

Eine leise, schöne Weihnachtsmelodie

ERZÄHLERIn: So ist es dem heiligen Franz in Greccio ergangen. Aber ... wo sind wir hier eigentlich? Natürlich in ... *(Ortsnamen nennen).* Könnte es nicht sein, daß es dem armen Franz auch bei uns ganz ähnlich hätte ergehen können?

Franz kommt nun mit der ganzen Gruppe und führt sie zur Krippe hin. Alle stellen sich so auf, daß die Krippe für die Leute gut sichtbar bleibt und die Worte gut verstanden werden können. Kommt, auch wir wollen sehen und hören, was damals im Jahre 1223 in der Höhle von Greccio geschehen ist. Vielleicht erleben auch wir heute abend etwas Schönes.

Die Weihnachtsmusik ist lauter geworden. Alle Kinder stehen stumm und sichtlich ergriffen vor der Krippe. Franz etwas erhöht, vielleicht seitlich oder hinter der Krippe.

Inzwischen sind auch die Kerzen am Christbaum angezündet worden. Es soll warm in der Kirche werden, eben Frühling.

ERZÄHLERIN: Franziskus führte die Leute von Greccio hinauf zum Berg. Es war Weihnachtsabend, tief im Winter. Schnee und Kälte machten das Gehen schwer. Endlich kam man oben an. Franziskus führte die unwillig gewordenen Leute zu einer Höhle, aus der ein schwacher Lichtstrahl nach außen drang. Die Leute bückten sich und traten ein. Welche Überraschung. Franziskus hat eine junge Mutter mit einem Neugeborenen, einen Mann, Schafe, Ochs und Esel in die Krippe bringen lassen. Eine echte, lebendige Krippe. Das erste Mal seit Menschengedenken. Und da begann Franz zu reden:

FRANZ: Als Maria und Josef endlich in Bethlehem angekommen waren, da spürte Maria, daß in dieser Nacht noch ihr Kind geboren wird. Josef suchte überall nach einer warmen Stube. Aber wegen der Volkszählung waren alle Herbergen übervoll, und für Maria und Josef war nirgendwo Platz. Zum Glück wußte jemand, daß es draußen auf dem Felde Höhlen gab, in denen die Hirten bei bitterer Kälte Zuflucht nahmen. Und so durften Maria und Josef wenigstens hier Unterschlupf finden.

Aber in dieser Nacht geschah das Wunderbare. In dieser Höhle ist Jesus auf die Welt gekommen. Maria hat ihn geboren und in Windeln gewickelt. Und nachdem sie das Kind gestillt hatte, legte sie es in einen Futtertrog und hat ihm ein schönes Wiegenlied gesungen.

WIEGENLIED: *(z. B. »Still, still, still, weil's Kindlein schlafen will«)*
Ganz in der Nähe war aber noch jemand: Hirten mit ihren Schafen. Alle schliefen schon, nur einer hatte die Nachtwache. Da, was war das? Welch sonderbares Licht strahlte vom Himmel? Schnell weckte der Hirte seine Brüder, und schon sahen sie alle eine Schar von Engeln vom Himmel kommen. Taghelle lag über den Feldern. So etwas haben die Hirten noch nie erlebt, und sie begannen vor lauter Angst zu zittern. Doch ein Engel beruhigte sie und sprach: »Habt doch keine Angst.
Ich verkünde euch eine große Freude.
Heute nacht ist euch ein Retter geboren worden,
Christus, der Sohn Gottes.
Hier, in der David-Stadt. Geht dort hinüber in die Höhle. Dort werdet ihr ein Kind in einem Futtertrog finden. Es ist euer Heiland, der Heiland der Welt.«
Und plötzlich kamen noch mehr Engel dazu, und alle sangen laut Gott zum Lobe:

HIER: »Ehre sei Gott ...« o. ä. Weihnachtslied.
Und wirklich, die Hirten haben alles so gefunden, wie es ihnen der Engel gesagt hatte. Und sie gingen in die Höhle hinein, sahen das Kind und freuten sich riesig. Sie knieten nieder und beteten das Kind an. Kleine Geschenke brachten sie ihm mit: etwas Milch, Brot und ein warmes Schaffell. Ihr Glück war so groß, daß sie es nicht fassen konnten.

LIED: »Stille Nacht« o. ä.

ERZÄHLERIN: So hat Franz zu den Leuten von Greccio gesprochen, zu den Bösen und Streitsüchtigen, zu den Geizigen und Falschen. Und da ist plötzlich so etwas wie ein Wunder geschehen. Den Leuten ist die Geschichte von Weihnachten zum Herzen gedrungen. Doch hören und schauen wir selbst.

A:	Wir wollen nicht mehr streiten und uns schlagen.
B:	Es tut mir wirklich leid.

Beide geben einander die Hand, küssen sich und knien nieder.

KRÄMER: Ich gebe dir das Geld zurück, das ich zuviel von dir verlangt habe.

KÄUFERIN: Verzeih mir, wenn ich unbeherrscht und zornig war.

Krämer gibt das Geld zurück, beide geben einander die Hand und knien nieder.

SOLDAT: Ich werde nie mehr töten.

Jetzt werde ich mich für den Frieden einsetzen.

Zerbricht sein Schwert und kniet nieder.

C: Schämen müssen wir uns über unser Geschwätz.

D: Am besten schenken wir uns zu Weihnachten ein Klebepflaster für den Mund.

Kleben sich ein Pflaster an, kichern und knien nieder.

RÄUBER: Ich will dir die Brieftasche wiedergeben.

Kannst du mir verzeihen?

Gibt ihm das Geld zurück, Händedruck und knien nieder.

DAME: Ich war hart und unbarmherzig mit dir.

Komm, ich will gutmachen und den Frieden finden.

Legt der Bettlerin die Kette um.

BETTLERIN: Danke … danke …

Umarmen sich, geben einander die Hand und knien nieder.

ERZÄHLERIN: Und ihr?

Wollt ihr euch nicht auch versöhnen …

Wiedergutmachen, was schlecht gewesen ist?

Geben doch auch wir einander die Hand!

Jetzt … *(Leute geben einander die Hand)*

Dem Christkind zuliebe.

Dann wird es auch in unseren Herzen warm.

Dann wird überall Frühling … … mitten im Winter.

Dann ist überall Weihnacht!

Das Spiel endet mit einem Weihnachtslied.

ERICH RICHNER

Wo Gott die Erde berührt,
da beginnt sie zu blühen

Vorzubereiten:
Eine große Weltkugel mit Stacheldraht, die angestrahlt wird.
Für die Weltkugel und für alle Teilnehmer Christrosen basteln.

Eröffnung
LIED: »Sei uns willkommen, Herre Christ« –
              oder Kanon »Gekommen ist die heilige Nacht«

1. Szene: Gespräch

1. KIND: Wir feiern heute ...

2. KIND: Ha, wer kann feiern in so einer kalten und bösen Welt,
wo Menschen einander quälen und weh tun, wo Kinder
mißhandelt, ausgesetzt, alleingelassen und getötet werden? Klagen und weinen müßten wir über das Leid und
Elend dieser Welt.

1. KIND: Wir feiern heute die Heilige Nacht!

3. KIND: Seid ihr blind und taub? Heilige Nacht! Unsere Nacht ist
stockfinster, unheimlich dunkel. Unsere Nacht ist unheilig,
sehr unheilig. Haß, Gewalt, Raub und Mord machen
unsere Welt dunkel und unheilig. Radio, Fernsehen und
Zeitungen berichten alle Tage davon, wie unheilig es in
unserer Welt zugeht. Da ist Nacht, unheilige Nacht.

1. KIND: »Fürchtet euch nicht!« ...

4. KIND: Ich sage euch: Fürchtet euch vor Bomben und Atomkrieg!
Fürchtet euch vor den Mächtigen, die unsere Welt beherrschen. Fürchtet euch vor denen, die Gewalt gebrauchen,
die rauben, morden und stehlen. Fürchtet euch vor
denen, die unsere Erde ausbeuten und vernichten.
Fürchtet euch vor Mauern und Stacheldrahtzäunen.

1. KIND: »Ich verkünde euch eine große Freude!« ...

5. KIND:	Große Freude kann man nicht einfach verkünden, und dann ist sie da. Wer soll sich freuen in einer Welt, in der Menschen gequält und getötet werden, wo Menschen leiden müssen und traurig sind? Wer soll sich freuen, solange Kinder hungern und verhungern müssen? Wir haben allen Grund zu klagen und zu weinen über diese Welt, die mit Stacheldraht umgeben ist.
1. KIND:	»Friede auf Erden« ...
6. KIND:	Das ist ja zum Lachen. Krieg gibt es auf unserer Erde! Zank und Streit gibt es in Familien und in der Nachbarschaft, in Kindergärten und Schulen, auf den Straßen und Spielplätzen. Friede auf Erden? Keine Spur ist davon zu entdecken! – Oder?
1. KIND:	»Heute ist für euch der Heiland geboren, der Retter der Welt«
7. KIND:	Retter!? Wer kann unsere kranke und verwundete Welt noch retten und heilen? Glaubt ihr, daß Menschen, die nur an sich denken, einen Retter annehmen? Sie haben keinen Platz für ihn. Glaubt ihr, daß Menschen, die habgierig sind, sich durch etwas anderes retten lassen als durch Geld und Besitz? Glaubt ihr, daß Menschen, die sich streiten und hassen, die blind sind vor Wut und Krieg führen, einen Blick haben für jemanden, der sie retten will? Glaubt ihr, daß Menschen, die Gewalt gebrauchen und ungerecht handeln, auf einen Retter hören, der von Gerechtigkeit spricht? Wer kann uns retten? Wer kann diese Welt noch retten vor dem Untergang?
1. KIND:	»Es ist Christus, der Herr!«
8. KIND:	Christus, der Herr! Wer ist das? Woher kommt er?
1. KIND:	»Ihr werdet ein Kind finden, das in Windeln gewickelt ist und in einer Krippe liegt.«
8. KIND:	Ein Kind? Das stört doch nur! Für ungewollte und ungeplante Kinder ist in dieser Welt kein Platz. Nach einem Kind, das ausgestoßen wurde und in einem Stall zur Welt kam, sucht doch heute niemand. Wer erhofft sich Rettung von einem Kind, das in der Krippe liegt? Was kann ein Kind in der Welt der Großen und Mächtigen schon tun?

Es ist hilflos in der kranken und verwundeten Welt,
die nach Hilfe schreit.

LIED: »Uns wird erzählt von Jesus Christ«

EVANGELIUM: Die Geburt Jesu

LK 2,1.3-7 WIRD VORGELESEN

LIED: »Nun freut euch, ihr Christen«, 1. Strophe

2. Szene: Rollenspiel

Maria mit dem Kind und Josef kommen. Josef hebt Stacheldraht hoch, und Maria versucht, ihr Kind in das Drahtgewirr hineinzulegen.

9. KIND: Legt das Kind nicht in den Stacheldraht.
Es wird sich verletzen und sich weh tun.

JOSEF: Dieses Kind wird heilen, die verwundet und verletzt sind.
Es ist der Heiland. Er ist gekommen, um alles heil und
gut zu machen.

9. KIND: Legt das Kind nicht in den Stacheldraht.
Ein Kind ist eine Hoffnung, ein neuer Anfang.

MARIA: Durch dieses Kind setzt Gott einen neuen Anfang.
Es ist eine Hoffnung für alle, die ihr Glück und ihr Heil
von Gott erwarten.

9. KIND: Legt das Kind nicht in den Stacheldraht.
Wir möchten es nicht verlieren.

HERIBURG LAARMANN

»Warum der Bär sich wecken ließ«

ERZÄHLER: Als Engel den Hirten die Geburt Jesu verkündet, hört das auch eine kleine Maus. Sie sieht den großen Stern am Himmel leuchten. Sie läuft gleich los, um die gute Nachricht den anderen Tieren weiterzusagen. So eine wunderbare Botschaft kann man nicht für sich allein hören. Zuerst weckt sie den Hamster, der nicht weit von ihrem Loch wohnt. Der Hamster, der gerade mit seinem Wintervorrat zu tun hat, ist ärgerlich.

HAMSTER: Warum störst du mich mitten in der Nacht?

MAUS: Hör zu! Ich habe eine gute und frohe Nachricht für dich. Ein König ist geboren.

HAMSTER: Ein König? Muß es gleich ein König sein?

MAUS: Ja, er ist größer und stärker als jeder andere König. Er ist auch unser König. Er ist gekommen, um alle und alles zu erlösen. Komm mit, wir wollen ihn besuchen.

HAMSTER: Laß mich in Ruhe! Eine Mäuseneuigkeit glaube ich sowieso nicht. Frag mal die Katze, die ist doch deine Freundin.

ERZÄHLER: Die Maus blickt sich um. Sie ist ganz allein. Ob der griesgrämige Bursche recht hat? Für eine Maus ist es gefährlich, in dieser Jahreszeit unterwegs zu sein. Die Nacht ist kalt, und es fängt an zu schneien. Doch der Stern mit seinem hellen Licht macht der Maus Mut. »Der neue König ist groß und stark«, denkt sie, »er wird mich beschützen.« – Plötzlich funkeln zwei große Katzenaugen am Wegrand. Die Maus erschrickt.

MAUS: Entschuldige, Katze, aber in dieser Nacht dürfen wir uns nicht streiten. Ich bin unterwegs zum neuen König.

ERZÄHLER: Die Katze leckt sich das Maul.

KATZE: Was für ein König?

MAUS: Er ist heute geboren, und er ist stärker als du.

KATZE: Woher weißt du das?

ERZÄHLER:	Die Maus hebt das Pfötchen und zeigt auf den hellen Stern. Da sagt die Katze:
KATZE:	Unglaublich! So ein Licht habe ich noch nie gesehen. Eigentlich wollte ich dich fressen. Aber jetzt bin ich neugierig auf den neuen König. Weißt du den Weg?
MAUS:	Ja, immer dem Stern nach! Der neue König ist wie ein heller Stern. Er zeigt uns den Weg zu einem richtigen und schönen Leben.
ERZÄHLER:	Maus und Katze kommen zum Dorf. Dort schläft Bello, der Hund, in seiner Hütte. Sofort beginnt er zu knurren. Mißtrauisch fragt er:
HUND:	Was wollt ihr?
MAUS:	Heute nacht ist ein König geboren, er ist stärker als du. Wir wollen ihn begrüßen. Kommst du mit?
HUND:	Unmöglich! Ich muß das Haus meines Herrn bewachen.
MAUS:	Dein Herr ist schon unterwegs zum König!
HUND:	Und was geschieht, wenn Diebe kommen?
MAUS:	Die sind auch auf dem Weg zum König. Mach dir keine Sorgen, dem Haus wird nichts geschehen. In dieser Nacht ist alles so ganz anders. Der neue König verändert die Welt.
HUND:	Wenn's wirklich so ist, dann komme ich mit!
ERZÄHLER:	Die drei Tiere laufen durch die kalte Winternacht. Voran der Hund, in der Mitte die Katze und am Schluß die kleine Maus. Im Wald treffen sie den Fuchs. Er hat sich im Dorf gerade eine Gans geschnappt und trägt sie in seinem Maul. Die Gans flattert mit den Flügeln und quäkt:
GANS:	Hab Mitleid! Laß mich frei!
MAUS:	Laß die Gans frei, du Fuchs! Wir sind auf dem Weg zum neugeborenen König. Er ist gekommen, um uns und alle Geschöpfe zu befreien.
FUCHS:	Ein König? Ein Befreier?
ERZÄHLER:	Der Fuchs staunt und läßt die Gans los.
FUCHS:	Mein König ist der Wolf!
MAUS:	Der neue König ist viel stärker und größer als der Wolf!
FUCHS:	Glaubst du das wirklich? – Was wird der Wolf dazu sagen?
MAUS:	Er wird auch mitgehen!

GANS:	Und ich fliege voraus!
ERZÄHLER:	schnattert die Gans und schwingt sich in die Luft. Der Fuchs ärgert sich. Mißtrauisch stellt er sich hinter den Hund. Aber er geht mit. Auf dem Berg steht der Wolf. Wild und mächtig sieht er aus. Sein Knurren ist weit zu hören. Die Maus faßt sich ein Herz.
MAUS:	Höre, Wolf! Kannst du sagen, wer dein Herr ist?
WOLF:	Mein Herr ist der Bär. Ich kenne keinen, der stärker ist als er.
MAUS:	Wir sind auf dem Weg, einen noch mächtigeren König zu besuchen. Kommst du mit?
ERZÄHLER:	Der Wolf überlegt. Gegen ein Abenteuer hat er nichts einzuwenden. Vielleicht gibt es da etwas zu ergattern. Darum sagt er:
WOLF:	Los! Ich laufe voran!
ERZÄHLER:	Der Wolf läuft so schnell, daß die anderen Tiere kaum folgen können. Endlich kommen die Tiere zur Höhle des Bären. Zuerst hören sie ihn nur schnarchen. Er hält seinen Winterschlaf. Ich muß ihn wecken, denkt die Maus. Er kann doch nicht einfach weiterschlafen, wenn eine ganz neue Zeit beginnt. Wer schläft, kann Großartiges verpassen. Sie schlüpft in die Höhle, kitzelt den Bären mit ihrem langen Schwanz an der Nase. Da muß der Bär niesen und öffnet die Augen.
MAUS:	Ein neuer König ist geboren. Er ist stärker und mächtiger als du.
ERZÄHLER:	Schwerfällig erhebt sich der Bär und tappt ein paarmal um sich selber.
BÄR:	König, hast du gesagt? Ein König, der stärker ist als ich?
MAUS:	Komm mit vor die Höhle, ich werde dir etwas Schönes zeigen. So etwas hast du noch nie gesehen!
ERZÄHLER:	Der Bär folgt der Maus aus der dunklen Höhle.
MAUS:	Siehst du den Stern am Himmel? Ein leuchtender Stern ist aufgegangen, eine neue Zeit hat begonnen. Unser Leben wird hell und schön!
ERZÄHLER:	Der Bär brummt:

BÄR:	Du hast recht, du kleine Maus. Da muß etwas Besonderes geschehen sein.
ERZÄHLER:	Mit schwerem Schritt macht sich der Bär auf den Weg. Er geht als erster. Hinter ihm läuft der Wolf, dann der Fuchs, der Hund, die Katze und die Maus folgen. Von überall her kommen Menschen und Tiere über die Felder und Berge. Der Bär wundert sich:
BÄR:	Wer hat sie alle geweckt, die Hirsche, die Rehe, die Kühe, die Hasen, die Schafe? Bauern, Hirten und Kinder kommen. Wollen sie alle zum neugeborenen König?
MAUS:	Ja, das wollen sie. Sie wollen ihren König ehren!
ERZÄHLER:	Da trabt der Bär los. Seine Sohlen wirbeln den Schnee auf. Hinter dem Berg liegt ein Stall. Die Gans hat ihn schon entdeckt. Sie fragt den Engel:
GANS:	Ist hier der neugeborene König?
ERZÄHLER:	Der Bär hört das nicht. Er reckt sich zu seiner ganzen Größe auf und drängt sich nach vorn. Erschrocken machen Menschen und Tiere ihm Platz. Da trippelt die Maus los:
MAUS:	Habt keine Angst. Der Bär tut euch nichts. In dieser Nacht ist alles ganz anders. Der Bär will den neugeborenen König sehen.
BÄR:	Ja, das will ich! Wo ist er, der größer und stärker ist als ich?
ERZÄHLER:	Der Bär sieht das kleine Kind in der Krippe. Das soll unser König sein? denkt der Bär. Was kann ein kleines Kind schon ausrichten in der Welt der Großen und Mächtigen? Der Bär ist enttäuscht. Das Kind aber schaut den Bären an und streckt seine Hände nach ihm aus. Da sagt die Maus:
MAUS:	Siehst du, wie das kleine Kind sich freut? Es strahlt und leuchtet, weil du da bist.
ERZÄHLER:	Da schämte sich der Bär, weil er in dem Kind keinen König erkannt hat. Er beugt sich nieder und macht sich ganz klein. Die Maus ist glücklich. Sie trippelt zurück und setzt sich wieder hinter die Katze.

60

Seltsam, denkt die Maus, daß ich es war, die zuerst die gute Nachricht gehört hat. Mäuse sind sonst die kleinsten und unbedeutendsten Tiere. Und doch habe ich alle zur Krippe gebracht. Ob in der neuen Zeit die Kleinen und Schwachen das Sagen haben? Ob der neue König auf der Seite der Kleinen und Unbedeutenden steht? – Eine wunderbare Nachricht! Gut, daß ich sie gehört habe. *Instrumentalmusik.*

Nach: »Warum der Bär sich wecken ließ« von Josef Wilkon, Patmos-Verlag, Düsseldorf, möglich ist auch, Bilder aus dem gleichnamigen Bilderbuch dazu zu zeigen .

HERIBURG LAARMANN

Das Gabenspiel

7 Szenen für (Overhead-)Projektor, Stimmen, Chor und Orchester.
STIMMEN: *Sprecher oder Sprecherin, die Engel, die Himmel, die Weisen,*
             die Erde, die Wüste, die Hirten, die Menschenfamilie.

1. Szene

SPRECHER: Grüß Gott bei unsrem Gabenspiel, das wir gemeinsam
             aus manchen Einzelheiten – Bildern, Liedern, Stimmen –
             zur Freude euch und uns bereitet haben –
             zur Weihnachtszeit, in der nach altem Brauch
             sehr viele Menschen schenken wollen und auch dürfen,
             zur Zeit der kleinen lieben Heimlichkeiten,
             die dann als Päckchen unterm Christbaum liegen,
             als Gaben, die uns fröhlich machen sollen
             und uns erinnern an die eine große Gabe,
             die Gott zum allerersten Weihnachtsfest
             der Welt geschenkt hat: seinen Sohn.
             Das Kind, in dem Gott Mensch geworden ist,
             hat Gaben und Geschenke auch empfangen.
             Von wem … und welche … möchten wir gern wissen.
             Nach diesen Gaben fragen wir die ganze Welt.
             Ihr Engel, was habt ihr dem Kind geschenkt,
             als es in Bethlehem geboren war?

ENGEL   *(gesprochen, mit Musik unterlegt):*
             Als Boten Gottes, schneller als Gedanken,
             sind wir in das Geheimnis seiner Liebe
             seit Anbeginn der Welt schon eingeweiht.
             Und können das Geheimnis doch nicht fassen
             in seiner ganzen wunderbaren Tiefe,
             Geschöpfe, die wir sind, und Dienende:
             Gott liebt euch Menschen und wird selber Mensch,
             ein Menschenkind in einer armen Krippe.

Wir haben ihm und euch ein Lied geschenkt,
ein Liebeslied, wenn man es recht versteht,
und grad die Ärmsten haben es verstanden,
die Niedrigen, die Hirten auf dem Feld.

ENGELLIED (IM KANON):
Ehre sei Gott in der Höhe
und Friede den Menschen auf Erden,
weil Gott sie liebt, weil Gott sie liebt.

2. Szene

SPRECHER: Ihr Himmel, unermeßlich ausgespannt
und lichterfunkelnd über jedes Maß
und doch zu klein für Gottes Herrlichkeit,
ihr Himmel, was habt ihr dem Kind geschenkt?

DIE HIMMEL (WÄHREND DER STERN VORÜBERZIEHT)
Wir Himmel – Himmel – Himmel – Himmel –
haben den Stern – den Stern – den Stern –
haben dem Kind den Stern geschenkt –
einen großen Stern mit leuchtendem Schweif –
ein glühendes Zeichen unserer Freude –
Freude – Freude – ein Freudenzeichen –
und viele Geschöpfe haben ihm nachgeschaut –
wie er auf nächtlicher kühner Bahn
unsre Freude gesprüht hat – wie Feuerfunken –
gesprüht – gesprüht – Funken aus Feuer und Geist –
und manche Menschen haben sich aufgemacht –
aufgemacht – weit aufgemacht – *(verhallend)*

3. Szene

SPRECHER: Ihr Weisen aus dem Morgenland,
was habt ihr dem Kind geschenkt?
Die Weisen wandern über Berg und Tal, Schrittgeräusche

1. WEISER: Meint der uns? Nennt er uns weise? Wieso?

2. WEISER: Narren haben uns manche genannt,
Narren einer glänzenden Hoffnung,
ein Stern hat uns angeführt –

3. WEISER:	Wir waren so klug, uns führen zu lassen
	von der Sehnsucht, die den Verstand übersteigt.
	Wir haben unter den vielen Sternen
	das außergewöhnliche Zeichen erkannt.
	So haben wir das Gewohnte verlassen,
	haben den Weg im Unwegsamen gesucht.
1. WEISER:	Denken und nicht danach handeln – das liegt uns nicht.
	Praxis und Theorie gehören ins selbe Körbchen.
	Deute den Stern, so gut du's vermagst,
	mit all deiner Kunst, mit all deinem Wissen,
	mit der Kraft des Geistes, die dir geschenkt ist.
	Und hast du den Stern gedeutet und gut gefunden,
	dann folg ihm, wohin er dich führt.
	So einfach ist alles!
2. WEISER:	So einfach. Man darf nur nicht irre werden
	durch müde Füße und Blasen an allen Zehen
	und Hunger und Durst und das Heulen der Wüstenfüchse
	und das spöttische Lachen der Menschen am Wegrand.
3. WEISER:	Und achtgeben mußt du, daß dich dein eigener Kopf
	mit seinen schlauen Gedanken nicht ganz überrumpelt.
	Du suchst den König der Welt in reichen Palästen?
	In Wahrheit findest du ihn bei den Kleinen und Armen.
	So einfach ist das. Du darfst nur nicht stur sein.
	Mach dich gefaßt auf göttliche Überraschung.
	Auf ein neugeborenes Kind, in Windeln gewickelt.
SPRECHER:	Doch welche Gaben habt ihr dem Kind geschenkt?
1. WEISER:	Hört ihr? Er fragt schon wieder.
	Freunde, aus dem kann was werden,
	er wird mit Fragen nicht müde.
2. WEISER:	Wir haben dem göttlichen Kind die Ehre erwiesen.
	Unsere weiteren Gaben? Weihrauch, Myrrhe und Gold,
	nützlich und handfest. Überall kannst du's tauschen
	gegen Brot und einen sicheren Schlafplatz.
3. WEISER:	Unser Gepäck war leicht auf dem Heimweg,
	grad so als hättest du Schmetterlinge geladen –
	Wir konnten singen, so leicht war unsere Last.

LIED DER WEISEN:

> Wir Wanderer aus dem Morgenland,
> wir haben den Weg und das Ziel nicht gekannt,
> wir haben die Richtung nicht selber gewählt,
> und keiner hat alle die Nächte gezählt,
> die wir wanderten unter dem Stern,
> die wir wanderten unter dem Stern … *(verklingend)*

4. Szene

SPRECHER: Du Erde, wir fragen auch dich nach deinem Geschenk?

ERDE: *(Musikunterlegung, auch Summen und Vogelstimmen möglich,*
die im Laufe der Szene immer leiser werden)
Gott hat mich fruchtbar gemacht.
Ich trage und nähre euch alle.
Blumen und Kräuter lasse ich sprießen,
Getreide und Wein und den freundlichen Ölbaum.
Quellen springen aus meinen Bergen
und stillen Menschen und Tieren den Durst.
In meinem Schoß ist für viele Platz,
ich bin eine starke, geduldige Mutter.
Ich habe dem göttlichen Kind die Höhle geschenkt.

SPRECHER: Die Höhle? Hast du nichts Besseres schenken können?

ERDE: Die Höhle, den stillen dunklen Ort der Geburt,
weit weg vom Lärmen und Drängen der Menschenstraßen.
Die Höhle, durchwärmt vom friedlichen Schnauben der Tiere.
Hier war das Kind vor Wetter und Wind geschützt,
es war geborgen wie im Leib seiner Mutter.
Das hab ich ihm geschenkt am Anfang des Lebens
wie später am Ende den Platz für die Todesruh;
drei Tage nur sollt ich ihn halten in meinem Schoß,
bis ihn der Vater zum ewigen Leben erweckte.
So hab ich das winzige Kind wie den totgemarterten Mann
in meinem Dunkel behütet.

SCHLAFLIED DER ERDE:

> Schlaf in meiner Höhle, / schlaf, mein liebes Kind!
> Sollst die Welt nicht hören / und den Weltenbraus!

Alle Wesen, die hier sind,
Ochs und Esel, Frau und Mann,
Kröte, Glühwurm, Fledermaus,
weißes Schaf und schwarzes Schaf,
halten jetzt den Atem an, / wollen ja nicht stören
deinen Kinderschlaf! *(verklingend)*

5. Szene

SPRECHER: Wüste, gefährlich nahe bist du dem Ort
mit deinen Felsen und nackten Steinen.
Wäre das nicht auch ein gutes Geschenk:
zurückzuweichen und ferne sein?

WÜSTE *(im Sausen des Windes):*
Freund, überlege, wie kann ich ferne sein?
Immer ist die Wüste dem Menschen nah,
von außen oder von innen.
Ich weiß eine bessere Gabe für dieses Kind:
Ich will ihm von Anbeginn nah sein,
ich mache mich ihm vertraut.
Ich schenke ihm als Wiege die Krippe aus Stein,
einen Futtertrog, wie die Bauern ihn haben
in einem Land, in dem Holz eine Kostbarkeit ist.
Schau diese Mulde im Stein. Sie faßt eine Lage Stroh.
Seit tausenden Jahren arbeite ich daran,
höhle die Mulde tiefer und tiefer,
bis ein Kind darin schlafen kann.
Sonnenglut und nächtlicher Frost waren mein Werkzeug
und das feine unbarmherzige Sandkorn.
Und dies ist mein Wiegenspruch für das göttliche Kind:
Menschensohn, höre! Du wirst mir befreundet sein.
Wenn du zu mir in die große Stille kommst,
wirst du nicht nur erfahren, wie klein du bist,
wie gefährdet, wie ausgesetzt der Versuchung.
Du wirst auch erfahren, wie nahe dir Gott ist.
Aus dem Grauen der Angst, aus der tiefsten Verlassenheit
ist es nur noch ein kleiner Sprung in die Arme Gottes.

Er fängt dich auf wie die Mutter ihr liebes Kind,
wie der zärtliche Freund seine Freundin.
Der Ort dieser Erfahrung aber bin ich,
von außen oder von innen, die Wüste. *(Musik)*

6. Szene

SPRECHER: Ihr Hirten auf dem nächtlichen Feld.
ihr ersten Hörer der Engelsbotschaft,
ihr habt das Kind in der Krippe gefunden.
Was habt ihr ihm geschenkt?

DIE HIRTEN *(sie sprechen unbeholfen, wie Menschen,*
die das Reden nicht gewohnt sind):
Geschenkt? Oje, gar nichts. Leider,
Wir waren vor Staunen stumm.
Verstehst du, es war zu viel auf einmal –
der schreckliche Glanz und wir mitten drin,
das Lagerfeuer hast kaum mehr gesehn,
das war nur noch ein armseliges Fünkchen
im himmlischen Licht. Zum Fürchten war's.
Sie haben Geduld mit uns gehabt.
Sie haben uns zugeredet wie einem sturen Bock.
Aufgemuntert haben sie uns: Fürchtet euch nicht.
Da sind wir hinübergelaufen nach Bethlehem.
Aufgescheucht wie wir waren, um Mitternacht.
Und wirklich war alles genauso wie angekündigt.
Das Kind in Windeln gewickelt in einer Krippe.
Der Heiland der Welt – ein neugeborenes Kind.
Was soll man da sagen? Es fehlen einem die Worte.
Erst später, am nächsten Tag, haben wir einen von uns
mit Milch und Wolle zur jungen Mutter geschickt.
Aber des Nachts vor der Krippe –
wir haben nur staunen können.
Staunen – wenn das ein Geschenk wär –
dann hätten wir reichlich gegeben …

SPRECHER: Staunen ist ein schönes Geschenk für das Kind in
der Krippe. *(Flötenlied, verklingend)*

7. Szene

SPRECHER: Viele Geschenke haben sich angesammelt.
Jetzt fragen wir euch, die Menschenfamilie,
die ganze Menschheit, um euer Geschenk.

MENSCHEN: Viele Gaben können die Menschen geben.
Das aber war die schönste Gabe des Menschengeschlechts:
das Mädchen Maria, eine von uns, ein Menschenkind,
das JA gesagt hat zu Gottes Plan,
das JA gesagt hat zum Mutterwerden,
das JA gesagt hat zum Kind ihr Leben lang.
Und noch ein Geschenk: den Josef, den treuen Mann,
der dem Kind auf Erden ein guter Vater war.

SPRECHER: Keine Gabe von uns ist so kostbar wie die.
Und jedem neuen Kind sollten wir sie
von neuem schenken,
jedem der kleinen Brüder und Schwestern
von Jesus, der unser Bruder geworden ist:
jedem Kind eine Mutter, die JA zu ihm sagt,
einen Vater, der seine Familie liebt.
(der Projektor zeigt jetzt die vollständige Krippenszene: Kind, Maria und Josef und je nach Platz auch Hirten und Weise)
Dann dürfen wir fröhlich einstimmen
in das alte Lied von den Gaben:

GABENLIED *(vom Chor gesungen):*
Wer hat die Gaben dem Kind dargebracht?
Die Engel das Loblied, die Himmel den Stern,
die Weisen Gold, Weihrauch, Myrrhe,
die Erde die Höhle, die Wüste die Krippe,
die Hirten das Staunen
und wir alle die Jungfrau, die Mutter Maria,
und Josef, den Schützer.
Freut euch, halleluja!
Halleluja, halleluja!

LENE MAYER-SKUMANZ
Nach einem Hymnus aus der Weihnachtsliturgie der Ostkirche

Auf dem Weg nach Bethlehem

ErzählerIn: Nicht neu ist, was wir heute sagen.
Nein, denn vertraut seit Kindertagen
sind beinah allen die Geschichten,
von denen wir euch heut berichten.

Und doch vergessen Menschen leicht
und auch, was wichtig ist, entweicht
im Alltag allzu oft dem Sinn.
Es ist halt zu viel andres drin.

Drum braucht es Feste so wie heute,
wenn frei vom Alltag sind die Leute,
damit wir hören Gottes Wort.
Das suchen wir an diesem Ort.

So ist es euch wohl angenehm,
wenn wir nun gehn nach Bethlehem.
Denn dort wurd Gottes Sohn geboren,
damit die Welt nicht sei verloren.

Bevor das Wunder konnt' geschehn,
mußten die Eltern betteln gehn.
Von Tür zu Tür, von Wirt zu Wirt
sind sie zuerst umhergeirrt.

Josef: Verzeiht mein Herr, daß ich euch störe
und Einlaß noch so spät begehre.

Wir kommen heute schon weit her,
und meiner Frau wird alles schwer,
denn bald erwartet sie ein Kind,

weshalb wir angewiesen sind
auf eine Schlafstatt für die Nacht!
Der Wunsch hat mich zu euch gebracht.

1. WIRT: Euer Begehr versteh ich wohl,
doch ist mein Haus schon lange voll.
Drum müßt ihr leider wieder gehn
und anderswo nach Herberg' sehn.

JOSEF: Ich weiß, es ist schon spät, und doch
klopf ich an eure Türe noch.

Die Not ist's, die mich dazu treibt,
denn kurz nur ist die Zeit, die bleibt,
bis meine Frau in Wehen liegt
und dann ihr erstes Kindlein kriegt.

2. WIRT: Ein Kind? – Da seid ihr hier nicht richtig.
Das Wohl der Gäste ist uns wichtig.
Sie zahlen schließlich für die Stille
und ihre Ruh ist unser Wille,
weshalb wir das Geschrei von Kindern
nach allen Kräften hier verhindern.

JOSEF: Mein liebes Weib, ich weiß nicht weiter.
Wie bleibst du nur trotz allem heiter?

MARIA: Ich hoffe, daß uns Gott bewahrt.
Manchmal sind unsre Wege hart,
doch grade in den schweren Zeiten
will Gott uns fürsorglich begleiten.

Du findest sicher ein Quartier –
vielleicht gelingt es dir ja hier!

JOSEF:	Nun gut, ich will's noch mal probiern.
	Geb's Gott, daß nun gehn auf die Türn!

Nicht viel will ich von euch, ihr Leut,
nur, daß wir bei euch schlafen heut.
Es ist verhext, die ganze Stadt
kein Plätzchen für uns übrig hat.

Ob bei euch wohl noch Hoffnung ist?
Seht meine Frau an – und ihr wißt,
daß unser Fall besonders dringend!
Ich bitt euch also händeringend!

3. WIRT: Es ist ja gut – wir sind nicht blind!
Wenn auch belegt die Betten sind,
so rührt uns trotzdem euer Fall.
Hier, hinterm Haus, da ist der Stall.
Im Stroh richtet euch wohnlich ein,
zumindest warm müßt' es drin sein.

ERZÄHLERIN: Die lange Herbergssuche kann
als Zeichen dienen jedermann
daß Gott mit bei den Bettlern steht,
die ihr auf unsern Straßen seht.

Gott geht zu denen, die am Rand,
reicht Schwachen brüderlich die Hand.
So tut er's auch in jener Nacht,
in welcher Hirten halten Wacht
auf einem Feld bei ihren Herden.
Menschen, die sonst verachtet werden,
sollen zuerst das Wunder sehen,
das in Bethlehem geschehen.

1. HIRTE: O, wär die Nacht nur schon zu Ende!
Das Feuer wärmt nicht mal die Hände.

| 2. HIRTE: | Und lang brennt's sowieso nicht mehr, |
| | der Wind bläst dazu viel zu sehr. |

| 3. HIRTE: | Seid doch mal still! Seid ihr denn taub? |
| | Da raschelt's doch im trocknen Laub! |

| 1. HIRTE: | Das wird der Wind sein, denn das Feuer |
| | ist wilden Tieren nicht geheuer. |

| 2. HIRTE: | O, seht doch dieses helle Licht! |
| | Von unserm Feuer ist das nicht! |

ENGEL:	Habt keine Angst, fürchtet euch nicht!
	Von Gott kommt dieses helle Licht.
	Es kündet euch und aller Welt
	das Licht, das diese Welt erhellt:
	In einem Kind kommt Gott euch nah,
	drum singen wir Hallelujah.
	Im Stall liegt es, auf hartem Stroh,
	und doch sind seine Eltern froh.
	Eilt, geht nach Bethlehem geschwind,
	damit ihr euer Heil dort find't.

ERZÄHLERIN:	Nachdem der Engelchor verklungen,
	sind unsre Hirten aufgesprungen.
	Und mitten in der dunklen Nacht
	bleiben die Schafe ohne Wacht.
	Da Gott die Hirten hat gesandt,
	hält er das Vieh in seiner Hand.
	Die Hirten finden bald das Kind,
	weil sie so schnell gelaufen sind.

| 1. HIRTE: | Erschrecket nicht bei unserm Kommen, |
| | wir haben das Wort des Engels vernommen. |

2. HIRTE: Er hat uns verkündet das Heil der Welt,
              das sich bei euch hat eingestellt.

3. HIRTE: Als Licht soll euer Kind uns scheinen,
              uns alle neu mit Gott vereinen.

1. HIRTE: Daß wir, die Hirten, sind jetzt hier
              – und nicht etwa ein hohes Tier –
              das wollte Gott so, ohne Frage,
              damit ein neuer Morgen tage,
              an dem egal ist, wo man steht
              weil er, der Herr, mit allen geht.

MARIA: Wie tröstlich ist, was ihr verkündet!
              Ja, Gott hat sich mit uns verbündet.
              Zum Segen kam er in dies Haus,
              nun breitet Ihr den Segen aus.

ERZÄHLERIN: Das Wort vom Kind machte die Runde.
              Bis zu uns heute drang die Kunde.
              Wir hoffen, daß euch unser Spiel,
              doch mehr noch Gottes Wort gefiel.
              Im Alltag mög es euch begleiten,
              und Herz und Blick großzügig weiten.
              Denn Kinder Gottes sind wir nun,
              das merke man an unserm Tun,
              natürlich auch an unserm Lassen,
              doch nun, nun will ich kurz mich fassen.
              Es bleibt mir noch als letztes Wort:
              Gott sei mit euch an jedem Ort.

                                    ANGELIKA NOTHWANG

Herbergssuche

FREI ERZÄHLT IM WIENER DIALEKT

Maria und Josef erschöpft und heruntergekommen aussehend
auf Herbergssuche
Josef klopft an eine Tür.

STIMME HINTER DER TÜR:
    Jo, wos is denn?

JOSEF: Mei Frau is schwanger und wir suachn a Quartier zum
    Nächtign. Ham Sie vielleicht …?

STIMME: Naa, danke, wir brauchn nix.
    Maria und Josef gehen weiter. Josef klopft an einer anderen
    Tür. Ein Mann öffnet.

JOSEF: Mei Frau bekommt a Kind und wir suachn a Nochtloga.
    Könnten wir bei Ihna nur für eine Nacht …

MANN: Aha, Kinder in die Wöd setztn, nix hakeln und net amoj
    a Doch übern Kopf. Sie san a liaba Vota!

MARIA: Er is gor net da Vota.

MANN: Des a no dazua. Da richtige Vota hot sicha a nix gorbeit.

MARIA: Naa, des stimmt net, der hot scho gorbeit!

MANN: Najo, sechs Tog wohrscheinlich und dann hot er obezaht.

MARIA: Wieso wissens des?

MANN: A Eingebung von obn.

MARIA: Wor bei Ihna leicht a da Engel?

JOSEF: Jetzt her auf! I hob da scho gsagt, Du soist nix von den
    Engel sogn.

MANN: Aiso, sechs Tog hot a gorbeit, da Vota von den
    Pamperletsch. Des kaun jo wos scheens wurn sei, wos der
    gmocht hat in die poa Tog!

MARIA: Des kaun ma woi sogn!

MANN: Gehts vaschwindts wida, mit soch an Gsindl wü nix z'tua
    hobn.
    Josef klopft an eine weitere Türe. Eine ältere Frau öffnet.

FRAU:	*(schlägt die Hände zusammen)*. Marandjosef!
MARIA:	*(zu Josef gewandt):* Herst, die kennt uns!
FRAU:	Die san beinaund!
JOSEF:	Die waaß sogoa, daß ma beinaund san!
FRAU:	Ihr schauts da aus, Ihr seids jo gaunz ogsandelt.
JOSEF:	Jo wissens, wir san scho so laung unterwegs und mei Frau kriagt a Kind. Sie büd sie sogor ein, des kummt scho heit. Wir san scho miad und suachn jetzt a Hittn zum schlofn. Hättens net an Plotz füa uns?
FRAU:	Najo, sunst bin i jo net aso, aber von mir aus. Gehts do hinten in Stoi. Do is a Esel und a Kripp. Do kennts Eich einelahna.
MARIA:	Au weh, des Mida druckt scho so.
FRAU:	Des wos druckt Sie?
MARIA:	Des Mida.
FRAU:	Des Mida, wos isn des? So wos hob i no nie g'hert.
MARIA:	Des is, daß da Bauch net so obehängt.
FRAU:	Na sowos gibts bei uns net. Von wo seids'n Ihr?
MARIA.:	Aus Nazareth.
FRAU:	Na von durt haums allweu so a neumodisches Zeugs.
MARIA:	Schimpfns net über Nazareth. Der Ort wird no amoi berühmt wern.
FRAU:	Wos, des Kaff, das i net loch! Sogns, wer mochtn so a Mida?
MARIA:	Des hot mei Maun gmocht, der is gschickt, des is a Zimmermann.
FRAU:	Aso, des Mida is aus Hoiz. Do wunderts mi net, daß Ihne des druckt. So jetzt vaziagts Eich oba in Stoi.

Maria und Josef gehen in den Stall und nehmen Platz.

JOSEF:	Du, Maria, die Kua föht.
MARIA:	Welche Kua?
JOSEF:	Na die Kua, die is do immer do, wenn unser Kind geboren wird.
MARIA:	Wir san in Bethlehem, i hab do no kane Kia gsegn, aber a Haufn Kamö san do. Vielleicht kennt ma a Kamö kriagn.

JOSEF.:	Host scho a Kripp mit an Kamö gsegn?
MARIA:	Hüf ma liaba, i glaub des Kind kummt scho *(stöhnt)*. Gib ma wos z'trinken.
JOSEF:	Do is jo ka Wossa und nix. Und Kia san a kane do, die ma mökn kennt.
MARIA:	Jetzt her endlich auf mit Deine Kia.
JOSEF:	Ajo, und der Stern föht jo a no! Ohne Stern kenn ma do die Geburt vun unserm Kind net mochn. Sigst Du den Stern?
MARIA:	Wi kaun i den Stern segn, wo lauter Woikn san! Und außerdem: sog net oiweu »unser« Kind.
JOSEF:	Ajo, Du host recht, do san lauter Woikn. I glaub, do kummt a Schnee.
MARIA:	Bei plus zwanzg Grad Celsius. Wir san in Bethlehem!
JOSEF:	Bei plus zwanzg... wos?
MARIA:	Grad Celsius.
JOSEF:	Den Celsius gibts do no goa net.
MARIA:	Oba Du host recht, ohne Stern wern uns die drei Weisen net finden kennan.
JOSEF:	Wos, Waisenkinder kumman a her?
MARIA:	Die drei Weisen, mit E, net mit A. Na die Heiligen drei Kenig hoit.
JOSEF:	Aso, die. Kennst die eigentlich?
MARIA:	Na, von wo soi is denn kenna?
JOSEF:	Am Foto von der Geburt unseres..., Deines Kindes vom vurigen Joa worns do a scho drauf.
MARIA:	Oiso, wos Du dazöst, Du tuast jo grod so als hätt ma jedes Joa die Geburt! Und Fotos hots vurigs Joa a no kane gebn.
JOSEF:	Heier gibts scho wöche?
MARIA:	Na, auf Fotos kenn ma no laung wortn, do wer ma schon laung unter der Erd liegn.
JOSEF:	Du wirst gor net unter der Erd liegn, Du kummst jo glei in Himmel.
MARIA:	Des waaß i oba jetzt no net, daher kaun i des jetzt no net sogn. Du, jetzt kumman scho die Wehen *(stöhnt und schreit).*

JOSEF:	Des hert si jo furchtbor an. I hoi die Rettung!
MARIA:	Rettung gibts do no kane! *(stöhnt und schreit)*
JOSEF:	I hob des Gfüh, des Kind kriag ma so net auße. Du brauchst an Kaisaschnitt!
MARIA:	Kaisaschnitt gibts a no net. Moch liaba mit mir die Partnagymastik zua Geburtsvuabereitung.
JOSEF:	Partnagymnastik zua Geburtsvuabereitung gibts no laaaung net!
MARIA:	Wenn ma wos von euch Männa wü, hobts imma a Ausred.

Maria bekommt das Kind und legt es in die Krippe.
Kurz danach kommt die ältere Frau und sieht das Kind.

FRAU	*(zum Kind gewandt):* Jessas, bist Du liab!
JOSEF:	Jessas! Des is a scheena Namen, so wer ma des Kind nennen!
MARIA:	*(zu Josef):* Die Frau is ma unhamlich; wia ma kumman san, hots scho gwußt, wer ma san, und jetzt, kaum is des Kind do, was scho, wias haaßt.
JOSEF:	Des hob do i erst jetzt gsagt, daß mas Jessas nennan wern.
MARIA:	Naa, des hot ma do scho der Engel vur an hoibn Joa gsogt, daß des Kind Jessas haaßen wird.
JOSEF:	Jetzt faungst scho wida mit den Engel an.
MARIA:	Glaubst des leicht net. Najo, net umasunst werns amoi sogn »der ungläubige Josef«.
JOSEF:	Jetzt vawechslst mi midn Tomas.
MARIA:	Du muaßt a jedes Wurt aufd Wogschoin legen.
FRAU:	Na des gfreit mi, so a liabs Kind in mein Stoi!

In diesem Augenblick tritt der Mann der ältern Frau in den Stall.

MANN:	Na wos isn do los, wos san denn des fia Leit.
FRAU	*(zu Maria und Josef):* Des is mei Maun, is grod von da Orbeit kumma. *(zu ihm):* Die san aus Nazareth, oba schau da do des Kind an, wia liab des is, wi herzigs schloft!

MANN:	Jo seit waun mogst Du Kinda. Sunst schimpfst ollweu, daß s'nua a Plog san. *(Sieht das Kind an.)* Des is oba wirklich liab, wia friedlichs do liegt.
FRAU:	Geh, hoi gschwind a Deckn, das mas einwickeln kaun, des dafriert jo sunst.
MANN:	Wos, dafriern, bei 20 Grad …
JOSEF:	Na sogns net Celsius.
MANN:	Aber guat, a Deckn hol i scho. *(zu seiner Frau)* Seit waun bist Du so fürsorglich, so kenn i di jo gor net. Sunst bist ollweu so zwida.
FRAU:	Für so an Gschroppn muaß ma do wos tuan, i glaub der is ma so richtig ans Herz gwachsn. Najo, bei so an Kind kummt an des Schware auf amoi so nebensächlich vua, do muaß ma do grod zfrieden sein *(summt dem Kind eine Melodie vor).*
MANN:	*(bringt eine Decke):* Jo wirkli, Du bist so guat aufglegt, so hob i Di no nie gesegn, i maan des Kind hot Di von Deiner Grantlerei und Deine ewigen Surgn dalöst.
FRAU:	Mia scheint, Du host recht, und i glaub des Kind, des wird no vü dalösen!

GERALD DUNKL

II Hirtenspiele

Zur Krippe gehen und andere mitnehmen

Vorzubereiten:

Auf ein großes Plakat wird eine Krippe mit Maria, Joseph und dem Kind gemalt. Es steht während des Spieles auf dem Altar.

Dazu werden Bilder von Franziskus, von einem Wolf, einem Fuchs, einem Hasen, einem Reh, einer Taube und einem Schmetterling gemalt, die an Stangen befestigt werden und im Spiel von den jeweiligen Sprechern getragen werden. Zu Beginn des Spiels wird die Geburtsgeschichte nach Lukas vorgelesen. (Lk 2,1.3-7)

LEKTORIN: In dem Spiel, das Kinder vorbereitet haben, geht Franziskus mit den Tieren zur Krippe. Er will mit uns allen zur Krippe gehen. Dieses Spiel will uns Mut machen, so wie wir sind, zur Krippe zu gehen und andere auf diesen Weg mitzunehmen.
Franziskus tritt auf.

BRUDER FRANZ: Der Abend ist finster und kalt, aber es ist ein heiliger Abend. Ich gehe zur Krippe. Wer geht mit durch die finstere Nacht, durch die heilige Nacht? – Niemand? – Dann ist es vielleicht meine Aufgabe, allein zur Krippe zu gehen, stellvertretend für alle Menschen.
Der Wolf tritt auf.

BRUDER FRANZ: Aber wer geht denn da mitten in der Nacht so grau und traurig seinen Weg? Bist du das, Bruder Wolf? Wo gehst du hin in dieser Nacht? Der Friede ist auf die Erde gekommen! Gott hat der ganzen Welt seinen Frieden geschenkt!

WOLF: Bruder Franz, wer möchte nicht den Frieden? Wer möchte nicht erlöst werden von Unfrieden, Streit, Haß, Krieg und Tod? Ich möchte schon zum Frieden beitragen, aber niemand glaubt es mir. Man traut mir nur Böses zu. Alle haben Angst, daß ich zubeiße und mit meinen Zähnen alles zerreiße. Dabei gibt es Menschen, die viel gefährlicher sind als ich. Sie sind bewaffnet bis an die Zähne und zerreißen andere mit ihrer frechen Schnauze. Viele heulen mit den Wölfen und versetzen andere in Angst und Schrecken. Glaub mir, Bruder Franz, viele Menschen sind gefährlicher als ich. Es gibt Menschen, die hüllen sich in ein Lammfell. Im Schafspelz gehen sie auf andere zu, um sie zu zerreißen.

BRUDER FRANZ: Ich weiß, der Mensch ist dem Menschen oft ein Wolf. Komm mit zur Krippe, stellvertretend für sie alle. Draußen im Stall liegt ein Kind, und in diesem Kind wurde Gott dem Menschen ein Mensch. Verstehst du das? – Das Kind in der Krippe ist schutzlos und arm. Es bringt der ganzen Welt den Frieden von Gott. Gott wurde Mensch, damit die Menschen menschlicher werden, damit sie aufhören, wie Wölfe aufeinander loszugehen.

1. KIND: Gott, wir feiern das Fest deiner Menschwerdung. Du kennst den Wolf in mir. Du weißt, daß ich manchmal zubeißen und andere zerreißen möchte. Laß mich nicht mit den Wölfen heulen, sondern vom Kind in der Krippe lernen, allen Menschen den Frieden zu bringen.

2. KIND: Gott, du kennst den Wolf in mir. Du weißt, daß ich manchmal anderen wölfisch begegnet bin. Laß mich vom Kind in der Krippe lernen, an das Gute im andern zu glauben, alle Vorurteile zu überwinden und zum Frieden in dieser Welt beizutragen.

ERWACHSENER: In Jesus ist die Güte und Menschenfreundlichkeit Gottes in dieser Welt erschienen. Menschen, die dem Menschen ein Wolf waren, dürfen zur Krippe kommen. Gott schenkt allen den Frieden.

LIED: GL 129 »Licht, das uns erschien«
Der Fuchs tritt auf.

BRUDER FRANZ: Ja, wer kreuzt denn da unseren Weg mit rotem Pelz, schlauen Augen und listigem Blick? Sei gegrüßt, Bruder Fuchs, alter Freund. Wo willst du hin?

FUCHS: Wenn du mich nicht »Freund« genannt hättest, müßte ich annehmen, daß du mißtrauisch bist, Bruder Franz. Ich weiß, daß ich den Menschen kein guter Freund bin. Weil ich oft falsch und hinterlistig bin, mißtraut man mir. Weil ich raffiniert bin und oft auf geschickte Weise mein Ziel erreiche, gehen mir viele aus dem Weg. Ich bin für sie unberechenbar. Wer mir begegnet, hat Angst, hinterrücks angefallen und reingelegt zu werden. »Hütet euch vor dem schlauen Fuchs«, sagen sie, »er kann nicht aus seiner Haut.«

BRUDER FRANZ: Komm mit zur Krippe, Bruder Fuchs, stellvertretend für alle, die dir gleichen. Das Kind in der Krippe mag dich, es schenkt dir Vertrauen. Weil du schlau bist, kannst du allen helfen, die in Not sind. Du hast eine Höhle. Das Kind aber »kam in sein Eigentum, die Seinen nahmen ihn aber nicht auf«.

3. KIND: Gott, du kennst den Fuchs in mir. Manchmal nutze ich die Schwäche anderer aus und lege sie hinterlistig herein. Laß mich mehr Mensch werden und offen und ehrlich allen begegnen. Mit diesem Kind, das die Wahrheit selber ist, möchte ich im Licht deiner Wahrheit und Liebe leben.

LIED: GL 130 »Gelobet seist du, Jesu Christ« 1. und 4. Str.
Der Hase tritt auf.

BRUDER FRANZ: Warum bist du so ängstlich, Bruder Hase? Warum bist du so mißtrauisch und witterst überall Gefahr? Freue dich deines Lebens, besonders in dieser heiligen Nacht!

HASE: Wer kann es sich denn heute leisten, kein Angsthase zu sein? Wir sitzen doch auf einem Pulverfaß, und ich sehe, wo es überall brennt. Soll ich Augen und Ohren verschließen und sagen: »Mein Name ist Hase, ich weiß von nichts?« Glaubst du denn, daß es mit dieser Welt gut ausgeht?

BRUDER FRANZ: Solange alles in Ordnung ist, ist es leicht, an eine gute Zukunft zu glauben, ängstlicher Hase. Unser Glaube bewährt sich erst, wenn es brenzlig wird. Komm mit zur Krippe, stellvertretend für alle, die dir gleichen. Mit dem Kind, das in der Krippe liegt, beginnt eine gute Zukunft.

| | Überlaß ihm deine Angst. Vertraue Gott, der uns in |
| | diesem Kind sein Nähe und Hilfe schenkt. |

5. KIND: Gott, du weißt, daß ich oft ein Angsthase bin. Du kennst meine Angst und mein Mißtrauen. Mit allen, die Angst haben, danke ich dir für Jesus Christus, der bei uns bleibt und uns hilft, alle Angst zu überwinden.

LIED: GL 139 »Hört, es singt und klingt mit Schalle« 1. und 4. Str.

Das Reh tritt auf.

BRUDER FRANZ: Sei gegrüßt, friedliches Reh. Gut, daß du dich vertrauensvoll näherst und dich nicht scheu zurückziehst. Deine Nähe läßt uns behutsam und froh werden.

REH: Bruder Franz, ich bin traurig, daß der Wald, mein Lebensraum, immer kleiner wird, und ich kann mich nicht dagegen wehren. Früher war es still in meiner Umgebung, und ich konnte mich müde laufen bis zum Waldrand. Heute stoße ich nach einem kleinen Spaziergang schon auf Häuser und Beton. Der Beton wächst schneller als Gras und Bäume. Ich muß hilflos zusehen, wie man mir eine Lebensmöglichkeit nach der anderen nimmt.

BRUDER FRANZ: Komm mit zur Krippe, stellvertretend für alle, die mit dir leiden. Dort im Stall liegt hilflos und klein das göttliche Kind. Ihm hat man in Bethlehem auch den nötigen Lebensraum verweigert. Das Kind in der Krippe kommt von Gott, um allen nahe zu sein, die leiden, die hilflos sind und sich nicht wehren können. Es will uns allen Lebensraum und neue Lebensmöglichkeiten schenken. Dieses Kind ist wie eine Rose, die aufgeblüht ist mitten im kalten Winter. Sie sprengt den stärksten Beton. Durch dieses Kind werden harte Herzen wieder weich; was tot und abgestorben ist in uns, wird wieder zum Leben erweckt.

ERWACHSENER: Gott, hilf, daß wir unseren Kindern den nötigen Lebensraum geben, daß wir viel Zeit und Liebe für sie haben, ein offenes Ohr und ein tröstendes Wort. Mache uns bereit, daß wir uns einsetzen für alle, die hilflos sind und sich nicht wehren können.

6. KIND:	Hilf uns, guter Gott, daß wir auf die Kinder Rücksicht nehmen, die still sind und sich nicht durchsetzen können. Hilf, daß wir allen Kindern in der Klasse und beim Spiel den nötigen Lebensraum lassen.
LIED:	GL 132 »Es ist ein Ros entsprungen« 1. und 3. Str.

Die Taube tritt auf.

BRUDER FRANZ:	Friede sei mit dir, Schwester Taube. Aber sag, wie siehst du denn aus? Was klebt an deinen Flügeln?
TAUBE:	Ich komme vom Meer, Bruder Franz. Dort ist ein riesiger Küstenstreifen durch Öl verseucht. Meine Schwestern sind flügellahm geworden durch das klebrige Öl. Ich habe versucht, ihnen zu helfen und dabei bin ich selbst in Mitleidenschaft gezogen worden. Nun sind meine Flügel voll Öl. Ich kann nicht mehr weiter.
BRUDER FRANZ:	Komm her, ich versuche, sie zu säubern. – Ganz werde ich sie nicht in Ordnung bringen können. Wer Gutes tut und sich für andere einsetzt, muß oft Federn lassen, wird selbst verwundet, und viele werden dabei flügellahm. Du darfst aber nicht aufhören, anderen zu helfen, du mußt für sie wie heilendes Öl sein. Komm mit zur Krippe, stellvertretend für alle, die dir gleichen. In der Krippe liegt einer, der sich aus Liebe zu uns verwunden ließ. Von diesem Kind geht eine Flut der Liebe aus, die deine Wunden heilen und dich reinigen kann.
7. KIND:	Gott, wir danken dir für Jesus, deinen Sohn. Er kam in unsere verseuchte Welt, um uns zu retten und zu heilen. Wir danken dir, daß er in seiner Liebe sein Leben für uns hingegeben hat.
8. KIND:	Gott, laß uns die Not der Menschen sehen und mache uns fähig und bereit, daß wir uns für die einsetzen, die in unserem Land vom Wohlstand geschädigt sind. Mache uns bereit, mit den hungernden und kranken Kindern in Lateinamerika zu teilen.
ERWACHSENER:	Gott, manchmal sind wir mutlos und flügellahm wie die Taube. Wir haben versucht, Gutes zu tun und haben dabei Federn lassen müssen. Reinige uns in der Flut der

Liebe, die vom Kind in der Krippe ausgeht, damit wir nicht aufhören, Gutes zu tun und uns für andere einzusetzen.

LIED: GL 134 »Lobt Gott, ihr Christen alle gleich« 1.-3. Str.

Der Schmetterling tritt auf.

BRUDER FRANZ: Ja, kann das sein? Wer segelt denn da so froh und farbenprächtig durch die schwarze Nacht? Friede sei mit dir, zarter Schmetterling, du kleines flatterndes Wunder. Wie schön, daß du dich in dieser heiligen Nacht aufschwingst zu einem neuen Leben. Gut, daß du in dieser geweihten Nacht deine Fähigkeiten entfaltest und dich verwandeln läßt zu einem neuen Wesen.

SCHMETTERLING: Danke, daß du mich verstehst, Bruder Franz. Ich habe mich lange nicht getraut, aus meinem bisherigen Leben auszusteigen. »Du spinnst«, haben die anderen zu mir gesagt. »In so dunklen und gefährlichen Zeiten kannst du doch nicht aussteigen und ein neues Leben beginnen. In so kalten und eisigen Zeiten kannst du dich doch nicht entfalten und verwandeln lassen. Man wird dir schnell die Flügel stutzen, du holst dir den Tod!« Einen »Spinner« haben sie mich genannt. Das Spinnen habe ich aber hinter mir; bisher war ich eingesponnen. Nun habe ich mich befreit und will mein Leben neu beginnen.

BRUDER FRANZ: Flieg! Flieg zum Kind in der Krippe, stellvertretend für alle, die dir gleichen. Dort beginnt für diese Erde ein neues Leben. Gott ist in Jesus zu uns gekommen, um unser Leben zu verwandeln. Er will uns helfen, daß wir uns entfalten, daß wir befreit werden von allem, was uns einengt und gefangenhält. Flieg, Schmetterling, als gäbe es keinen Krieg, keine Dunkelheit und Kälte. Flieg, als gäbe es nur Frieden, Licht und Wärme. Das Kind ist gekommen, um uns Licht und Wärme, Frieden und Leben zu bringen.

1. JUGENDLICHER: Gott, manchmal möchte ich aussteigen und neu anfangen. Mache uns alle, die aussteigen möchten, fähig und bereit, daß wir uns vom göttlichen Kind in der Krippe verwandeln lassen und mit ihm unser Leben neu beginnen.

2. JUGENDLICHER: Gott, du hast durch Jesus dieser Welt Licht und Wärme, Frieden und Leben geschenkt. Hilf, daß wir uns in seinem Licht entfalten und befreien lassen von allem, was uns einengt und gefangenhält.

3. JUGENDLICHER: Hilf allen, die mit Jesus ihr Leben neu beginnen möchten, Menschen zu finden, die sie verstehen und ihnen Mut geben, neu und anders in dieser Welt zu leben. Amen.

HERIBURG LAARMANN

Gott kommt in die Welt

SPRECHER: Wir sind in Bethlehem. Es ist der Tag vor der Heiligen Nacht. Aber davon ahnt keiner etwas. Die Kinder sind wie jeden morgen in die Schule gekommen. Heute sollen sie etwas besonders Wichtiges lernen: nämlich, daß eines Tages Gott selber in die Welt kommt. *Der »Lehrer« kommt (schwarzer Meßdienertalar, schwarzes Käppi).*

LEHRER: Schalom, Kinder.

ALLE KINDER: Schalom.

LEHRER: Wir beginnen wie jeden Tag mit einem Gebet.

ALLE KINDER: Herr, sende, den du senden willst,
durch den du allen Jammer stillst,
der uns befreit mit starker Hand
und führet ins gelobte Land.

LEHRER: Nun setzt euch, Kinder.

DANIEL: Was wissen wir eigentlich darüber, daß Gott den Retter sendet?

LEHRER: Vor vielen, vielen Jahren hat der Prophet Jesaia gesagt: »Das Volk, das im Dunklen lebt, sieht ein großes Licht.«

BENJAMIN: Sind wir das Volk?

LEHRER: Ja, Benjamin, wir sind das Volk. Und der Prophet hat gesagt: Gott selber wird kommen, um uns zu helfen.

RUBEN: Wann wird das denn sein?

DAVID: Gibt es dann ein Erdbeben?

DANIEL: Kommen dann tausend Engel?

REBEKKA: Das könnte ich nicht ertragen.

RUTH: Wann, wann wird das sein?

LEHRER: Das weiß niemand. Aber der Prophet hat gesagt, daß der Retter als kleines Kind geboren wird.

BENJAMIN: Und wo wird das geschehen?

MIRJAM: Mein Vater sagt: in Bethlehem, im Lande Juda, denn Bethlehem ist die Stadt Davids.

TOBIAS:	Aber – wir *sind* doch hier in Bethlehem.
RUBEN:	Leben denn noch welche von König David?
LEHRER:	Ganz bestimmt. Sie sind im Land verstreut.
	Es sind einfache Leute wie wir.
SARAH:	Kann das denn jeden Tag passieren,
	daß der Retter geboren wird?
LEHRER:	Ja, Sarah, jeden Tag.
BENJAMIN:	Auch heute? Oder diese Nacht?
LEHRER:	Auch heute! Auch diese Nacht!
REBEKKA:	Woran kann man das bloß erkennen?
LEHRER:	Ein neugeborenes Kind aus der Familie von König David.
RUTH:	Ich würde das Kind bestimmt erkennen.
ALLE KINDER:	Ich auch!
LEHRER:	Laßt uns noch einmal beten:
ALLE KINDER:	*(singen)*

O Gott mit uns, Emanuel, du Fürst des Hauses Israel,
o Sehnsucht aller Völker du, komm führ uns deinem
Frieden zu.

*Die Kinder gehen (mit ihren Hockern) herunter, bleiben aber
noch auf der ersten und zweiten Stufe stehen, denn über die
breite Stufe kommen Maria und Josef. Die Kinder sehen
ihnen zu. Wenn Maria und Josef in der Mitte sind:*

RUTH:	Die beiden kenn' ich. Die hab' ich schon heute früh gesehen.
RUBEN:	Die sind nicht von hier. Die suchen überall nach einem Zimmer.
SARAH:	Die junge Frau bekommt bald ein Kind.
DAVID:	Seid mal still! Was sagt der Mann?
JOSEF:	Maria, es tut mir so leid für dich. Nirgendwo finden wir ein Bett für dich.
MARIA:	Ich spüre, es dauert nur noch Stunden, bis das Kind da ist.
JOSEF:	Und alles nur wegen dieser Volkszählung, die der Kaiser Augustus befohlen hat. Und weil wir zur Familie von König David gehören, müssen wir zur Volkszählung nach Bethlehem.

MARIA:	Es ist aber auch schön, zur Familie von König David zu gehören. Auch das Kind ist ein Sohn Davids.
JOSEF:	Ja, Maria, das stimmt. Auch wenn wir ganz einfache Leute sind.
MARIA:	Darüber bin ich glücklich. Aber ich bin traurig, weil uns jetzt nur noch ein Stall übrigbleibt.

Ein Instrument spielt die Melodie von »Herr, sende, den du senden willst«.

Maria und Josef gehen langsam weiter.

Wenn die Melodie zu Ende ist:

RUBEN:	Habt ihr das gehört?
MIRJAM:	Ob das Kind von der jungen Frau – Gott ist?
DANIEL:	Das glaub' ich nicht.
RUTH:	So arm kommt Gott bestimmt nicht.
BENJAMIN:	Gott in einem Stall – das gibt's nicht.

Die Hirtenkinder kommen.

DANIEL:	Wo geht ihr denn hin?
JUDA:	Wir gehen zu unseren Vätern.
JUDITH:	Zu den Herden auf den Feldern.
JUDA:	Unsere Eltern haben uns erlaubt, daß wir heute die ganze Nacht draußen sein dürfen.
RUTH:	Die ganze Nacht! Das möcht' ich auch mal!
SIMEON:	Dann kommt doch mit.
RACHEL:	Ich muß zuerst zu Hause fragen.
BENJAMIN:	Was muß man denn da alles mitbringen?
HANNA:	Warm anziehen und eine Decke, sonst nichts.
SIMEON:	Und was zu essen.
DAVID:	Ich frage, ob ich darf.
MIRJAM:	Schicken eure Väter uns nicht fort?
JAKOB:	Bestimmt nicht! Ihr dürft nur keinen Krach machen.
DIE ANDEREN SCHULKINDER:	Ich frage auch.
DIE HIRTENKINDER:	Also – bis nachher.

Alle Kinder in zwei Richtungen ab.

Zwei Hirten kommen mit dem Feuer. Zwei mit Flöten.

1. HIRT:	Die Nacht wird lang. Spielt was auf der Flöte.

3. und 4. Hirt spielen auf der Flöte.

2. HIRT:	Euer Flötenspiel paßt richtig zu dieser Nacht. Es geht kein Wind. Die Tiere stehen so still wie noch nie. Als ob was in der Luft ist.
	Die Hirtenkinder kommen.
JAKOB:	*(zum 1. Hirten)* Vater, es ist toll, daß wir die ganze Nacht draußen bei euch sein dürfen.
JUDITH:	Wir haben ein paar Freunde getroffen. Dürfen die auch mit uns draußen sein?
1. HIRT:	Sicher – hier ist ja Platz genug.
HANNA:	Da kommen sie schon. Leise, leise!
	Die Schulkinder kommen leise.
2. HIRT:	Mir ist so sonderbar. Ich habe das Gefühl, als ob was passiert.
SIMEON:	Schaut da! Was ist das?
	Wenn es hell wird, steht der Engel hinter dem Altar auf einem Hocker.
1. HIRT:	Ein Engel!
ALLE:	Ein Engel!
EINIGE KINDER:	Ich hab' Angst!
ENGEL:	Fürchtet euch nicht. Denn seht, ich verkünde euch eine große Freude. Heute ist euch in der Stadt Davids der Heiland geboren, Christus, der Herr. Und das ist das Zeichen: Ihr werdet ein Kind finden, das, in Windeln gewickelt, in einer Krippe liegt. Ehre sei Gott in der Höhe. Und auf Erden ist Friede bei den Menschen, an denen Gott seine Freude hat.
	Engel und Kinder bleiben stehen.
	Die Gemeinde singt: »Ihr Hirten erwacht, erhellt ist die Nacht« oder »Engel auf den Feldern singen«.
	Der Engel geht zur Krippe.
1. HIRT:	Ein Kind – in Windeln gewickelt!
2. HIRT:	Wo sollen wir das denn finden?
3. HIRT:	In einer Krippe! In einem Stall – also!
4. HIRT:	Das kann doch nicht wahr sein!
1. HIRT:	Aber der Engel hat es so gesagt.
RUTH:	*(zu den Hirten):* Ich glaube – ich weiß wo!

DANIEL:	Wir haben einen Mann und eine Frau gesehen.
RUTH:	Die Frau bekommt ein Kind.
MIRJAM:	In den nächsten Stunden – hat sie gesagt.
DAVID:	Sie sind aus der Familie von König David.
RUTH:	Die Frau hat gesagt:
	Jetzt bleibt uns nur noch ein Stall übrig.
1. HIRT:	Wenn das so ist, Kinder, dann führt uns dahin.

Hirten, Hirtenkinder und Schulkinder singen die 1. und 2. Str.
von »Nun freut euch, ihr Christen«.
Hirtenkinder und Schulkinder sagen,
was sie dem Kind mitbringen.

Ich nehme ihm ... mit.

Ich schenke ihm ...

Sie gehen mit den Hirten zur Krippe.

SPRECHER: Es war genau so, wie der Engel ihnen gesagt hatte.
Sie fanden Maria und Josef und das Kind in der Krippe.
Sie konnten es nicht fassen. Sie waren sehr glücklich.
Hirten, Hirtenkinder und Schulkinder singen von GL 141 die
1. und 4. Strophe: »Ich steh' an deiner Krippe hier«.

MARIA: Ich danke euch, ihr Hirten. Ich danke euch Kindern. Der
Heiland ist geboren, Gott ist gekommen. Zu euch allen.
Zu jedem von euch. Freue dich, du Christenheit.
(zu Mirjam)
Du schaust das Kind so lieb an. Willst du es einmal auf
den Arm nehmen? Nimm es nur.
Maria gibt Mirjam das Jesuskind.
Laßt uns alle singen: Unsere Freude, unser Glück.
Die Gemeinde singt 1. und 2. Strophe: »Heiligste Nacht« oder
ein vergleichbares Weihnachtslied.

HANS ALBERT HÖNTGES

Der kleine Bejamin

ERZÄHLER: Wir gehen zurück in eine andere Zeit
             und finden uns ein auf einem Feld bei Bethlehem.

             Dort treffen wir
             Joses,
             Jakobus,
             und Markus,
             drei Hirten, die mitten in der Nacht
             die Schafe andrer Leute bewachen.

             Doch halt, nun habe ich fast
             einen Hirten übersehen.

             Benjamin – er ist noch so klein.
             Außerdem schläft er.
             Kein Wunder, er ist erst fünf.

             Aber hört! Was sind das für Geräusche?
             Was ist das für ein Licht, mitten in der Nacht?

ENGEL: Fürchtet euch nicht!
             Siehe, ich verkündige euch große Freude,
             die allem Volk widerfahren wird.
             Denn euch ist heute der Heiland geboren,
             welcher ist Christus, der Herr, in der Stadt Davids.
             Und das habt zum Zeichen:
             Ihr werdet finden das Kind,
             in Windeln gewickelt und in einer Krippe liegen.

ENGELCHOR: Ehre sei Gott in der Höhe
JOSES: Kommt, das wollen wir uns anschauen!

MARKUS:	Noch heute nacht!
JAKOBUS:	Aber nicht, ohne etwas mitzubringen!
JOSES:	Ja: Milch und Käse!
MARKUS:	Und Wolle!
JAKOBUS:	Und Honig!
JOSES:	Und Benjamin, was machen wir mit dem?
MARKUS:	Den lassen wir hier.
JAKOBUS:	Der versteht sowieso noch nichts.
JOSES:	Also gut.
MARKUS:	Und die Schafe?
JAKOBUS:	Die treiben wir ins Gatter!
ERZÄHLER:	Und die Hirten machen sich auf den Weg. Aber als sie kaum zehn Meter weit gegangen sind, wacht Benjamin auf.
BENJAMIN:	Halt, wo wollt ihr hin?
JOSES:	Ach, Benjamin, bleib du doch hier bei den Schafen.
MARKUS:	Wir gehen ein Kind besuchen – aber du bist ja selber noch ein Kind.
JAKOBUS:	Leg dich lieber wieder schlafen.
BENJAMIN:	Ich will aber mitgehen!
JOSES:	Komm, Benjamin, das Kind, das wir besuchen, ist kein gewöhnliches Kind.
MARKUS:	Es ist ein König – und bei einem König haben Kinder nichts zu suchen.
JAKOBUS:	Und außerdem hast du ja gar nichts, was du dem König mitbringen kannst.
ERZÄHLER:	Das stimmt. Traurig trottet Benjamin hinter den anderen her. Immerhin, abschütteln läßt er sich nicht. Und plötzlich läuft er schneller:
BENJAMIN:	Ich werde dem Kind die Fliegen verscheuchen!
JOSES:	Dazu wirst du wohl kaum gebraucht!
MARKUS:	Das machen bei diesem Kind die Engel.
ERZÄHLER:	Noch trauriger als vorher geht Benjamin hinter den anderern her – aber nicht allzu lange.
BENJAMIN:	Ich werde dem Kind die Füße wärmen.
JAKOBUS:	Du Dummkopf. Dafür hat es doch seine Engel.

ERZÄHLER:	Und noch viel trauriger schleicht Benjamin hinter den anderen her. Nur noch ganz leise bringt er seine letzte Idee vor:
BENJAMIN:	Ich will dem Kind ein Schlaflied singen.
MARKUS:	Das können die Engel bestimmt besser als du.
ERZÄHLER:	Nun ist Benjamin sehr traurig. Und als sie zum Stall kommen, traut er sich zuerst gar nicht hinein. Nur durch ein Astloch spät er hinein. Und da sieht er in einer Krippe einen winzig kleinen Säugling. Die Mutter liegt erschöpft daneben. Und auch der Vater scheint hundemüde zu sein. Aber von Engeln – keine Spur. Niemand vertreibt dem kleinen König die Fliegen. Niemand wärmt ihm die Füße. Niemand singt ihm ein Schlaflied. Da geht der kleine Hirte doch in den Stall.

ANGELIKA NOTHWANG

Kinder an der Krippe

Mitspieler: Ruth, Tobias, Benjamin, Magdalena, Simon, Rebekka, 5 Hirten, Engel, Maria, Josef

1. Szene: Die Kinder von Bethlehem

RUTH: Soviel Leute habe ich in Bethlehem noch nie gesehen.

TOBIAS: Ja, echt, sogar in der Schule haben sie Betten aufgestellt.

BENJAMIN: Was ist denn los, daß so viele Leute kommen?

MAGDALENA: Das ist wegen der Volkszählung. Jeder muß dahin, wo er geboren ist.

SIMON: Dann sind hier aber viele geboren!

REBEKKA: Hier wird sogar einmal der Heiland geboren, Christus, der Herr.

BENJAMIN: Wann denn?

RUTH: Das weiß keiner. Vielleicht schon bald.

BENJAMIN: Vielleicht heute?

REBEKKA: Pst, seid still, seht ihr die beiden Leute da?
Maria und Josef gehen auf der unteren Stufe langsam vorbei.

SIMON: Die kenn' ich. Die haben bei uns nach einem Zimmer gefragt.

TOBIAS: Bei uns auch. Meine Mutter hat gesagt: Wir haben nichts frei. Bei uns sind fünf Verwandte zu Besuch.

RUTH: Bei uns haben sie auch gefragt. Bei uns war noch was frei.

REBEKKA: Die armen Leute! Wo sollen die bloß bleiben?

MAGDALENA: Habt ihr gesehen: Die Frau bekommt bald ein Kind.

BENJAMIN: Ich bin traurig, weil die so arm dran sind.

SIMON: Ich gehe zu meinem Onkel, der ist Hirte, vielleicht weiß der einen Rat.

ALLE: Wir gehen mit.
Die Kinder gehen ab. Die Hirten kommen vor den Altar.

2. Szene: Hirten und die Kinder von Bethlehem

1. HIRT: In dieser Nacht ist alles anders.

2. HIRT: Die Tiere sind so still wie noch nie.

3. HIRT: Es ist etwas in der Luft. Ich weiß bloß nicht, was.

4. HIRT: Ich bin so froh. Warum, weiß ich auch nicht.

5. HIRT: Mir geht es genau so. Darum spiele ich jetzt was auf meiner Flöte.

Flötensolo. Die Kinder kommen zu den Hirten.

1. HIRT: Ihr Kinder, was macht ihr denn noch so spät? Warum seid ihr nicht im Bett?

RUTH: Wir können nicht schlafen.

SIMON: Wir haben Leute gesehen, die haben keine Unterkunft in dieser Nacht.

2. HIRT: Schaut mal da, es wird immer heller.

3. Szene: Die Engel ziehen auf

3. HIRT: Engel auf den Feldern!

4. HIRT: Wie ist das schön!

5. HIRT: Engel auf den Feldern singen, stimmen an ein himmlisch Lied, und im Widerschall erklingen auch die Berge jauchzend mit.

Die Gemeinde singt das Lied: »Engel auf den Feldern singen«

Engel auf den Feldern singen

Text: Maria Luise Thurmair 1954 nach »Les anges dans nos campagnes«.
Melodie und Textvorlage: Frankreich 18. Jahrhundert.

1. En - gel auf den___ Fel - dern sin - gen,
und im Wie - der - hall er - klin - gen

stim - men___ an ein___ himm - lisch Lied,
auch die___ Ber - ge___ jauch - zend mit:

1. Engel auf den Feldern singen, stimmen an ein himmlisch Lied,
und im Widerhall erklingen auch die Berge jauchzend mit:
»Gloria, Gloria, Gloria in excelsis Deo.« »… Deo.«

2. Sagt mir, Hirten, wem die Freude, / wem das Lied der Engel gilt. /
Kommt ein König, daß die Weite / so von Jubel ist erfüllt?
Gloria in excelsis Deo.

3. Ja, sie künden den Erlöser, / der sein Volk von Schuld befreit. /
Gottes Huld war niemals größer / als zu dieser Gnadenzeit.
Gloria in excelsis Deo.

4. Laßt nach Bethlehem uns ziehen, / das ihn birgt im armen Stall, /
laßt uns betend vor ihm knien, / singen ihm mit Freudenschall:
»Gloria in excelsis Deo.«

5. Hirten, nun verlaßt die Herden, / stimmt ins Lob der Engel ein, /
daß die Lüfte tönend werden / von dem Klange der Schalmein.
Gloria in excelsis Deo.

TOBIAS:	Ich habe überhaupt keine Angst.
BENJAMIN:	Ich auch nicht.
MAGDALENA:	So was Schönes hab' ich noch nie gesehen.
1. HIRT:	Still – Kinder! Der Engel in der Mitte hebt die Hand.
	Er will uns sicher etwas Wichtiges sagen.
1. ENGEL:	*singt die zweite Strophe vom »Es kam ein Engel hell und klar«*
	Alle Engel singen dann die 3., 4. und 6. Strophe.
	Alle Engel, Hirten und die Kinder von Bethlehem singen die
	7. und 8. Strophe.
	Die Engel gehen hinter die Krippe.

4. Szene: Hirten und Kinder

1. HIRT:	Habt ihr gehört, was die Engel gesungen haben?
	Christus, der Heiland ist geboren.
SIMON:	Als kleines Kind.
RUTH:	In einer Krippe.
MAGDALENA:	In einem Stall.
TOBIAS:	Die armen Leute vorhin, die sind doch zu einem Stall
	gegangen, draußen vor der Stadt.
REBEKKA:	Die junge Frau hat das Kind bestimmt schon bekommen.
BENJAMIN:	Ob das der Heiland ist?
2. HIRT:	Die Engel haben gesagt, wo wir das Kind finden. Laßt uns
	dahin gehen.
SIMON:	Wir gehen mit. Wir haben die Leute zuerst gesehen.
RUTH:	Ich schenke dem Kind meine Puppe.
BENJAMIN:	Und ich meinen Ball.
MAGDALENA:	Und ich meinen Apfel.
SIMON:	Und ich schenke ihm mein Auto.
TOBIAS:	Und ich schenke ihm meine warme Jacke.
REBEKKA:	Und ich mal' ihm ein Bild.
RUTH:	Und der kleine David nimmt seine Geige mit.
	Die Kinder singen 1. und 2. Strophe von »Stern über Beth-
	lehem« (A. H. Zoller). Die Engel machen die Kerzen am
	Krippenbaum an. (Wenn das Kind keine Geige spielt, können
	mit dem Kassettenrekorder ein paar Takte eingespielt werden,
	die zuvor aufgenommen wurden.)

5. Szene: An der Krippe

Die Kinder legen ihre Geschenke vor die Krippe.

Die Hirten stehen hinter den Kindern.

MARIA: Ihr Kinder, das ist lieb von euch. Ihr habt ein gutes Herz.

JOSEF: Ihr Hirten, ihr seid die ersten, die das Kind sehen dürfen: Ihr Hirten und ihr Kinder. Die Einfachen sehen am meisten.

RUTH: *(zu Maria)* Alle Kinder haben dem Kind etwas geschenkt. Der kleine David hat kein Geschenk. Aber er kann schön auf der Geige spielen. Darf er dem Kind das schenken?

MARIA: Sicher! David, spiel auf deiner Geige.

MARIA: Das war aber auch ein schönes Geschenk!

REBEKKA: Mein Herz ist so froh. Ich muß jetzt was singen.

ALLE: Ich auch!

Alle Kinder von Bethlehem, Hirten und Engel singen 1. und 4. Str. von »Ich steh' an deiner Krippe hier«.

MARIA: Ihr Kinder an der Krippe. Jetzt ist Weihnachten.

Der Heiland ist geboren: Christus, der Herr.

Sagt es allen weiter.

Damit alle Herzen froh werden: die jungen und die alten, die einsamen und die kranken, die traurigen und die armen.

Denn: Zu Bethlehem geboren ist euch allen das Kindelein.

Alle singen die 1., 2. und 3. Strophe von »Zu Bethlehem geboren«.

HERIBURG LAARMANN

Warum die Engel im Stall nur singen durften

EIN ZWIEGESPRÄCH ZWISCHEN OCHS UND ESEL

OCHS: Duhu, Esel?

ESEL: Jaha?

OCHS: Was hältst du eigentlich von Engeln?

ESEL: Meinst du, ob ich an sie glaube?

OCHS: Nein, das weiß ich schon, daß du das tust – schließlich waren sie ja gestern massenweise hier im Stall, da kann man schlecht nicht an sie glauben. Nein, was du von ihnen hältst, will ich wissen.

ESEL: Nun, ich war zufrieden. Sie sehen hübsch aus, sie singen nett, nicht zu tief und nicht zu hoch, nicht zu laut und nicht zu leise, nicht zu langsam, nicht zu schnell. Nicht schlecht.

OCHS: Ich meinte eigentlich nicht, was du als Musikkritiker von ihnen hältst – obwohl ich natürlich von deinem Sängerwettstreit mit dem Kuckuck gehört habe. Ich meine, warst du zufrieden mit dem, was sie gemacht haben?

ESEL: Jaha – eigentlich schon. Warum fragst du?

OCHS: Na, ich war's eben nicht. Ich finde, hübsch singen und nett aussehen ist ein bißchen wenig für Boten Gottes. Vor allem hier in diesem Stall!

ESEL: Wieso?

OCHS: Na, für dich und mich ist der Stall schon ganz in Ordnung. Aber für das Kind? Und für Maria und Josef? Findest du nicht, da hätten die Engel etwas unternehmen müssen?!

ESEL: Darüber habe ich noch nicht nachgedacht. *(nach einer Weile)* Wenn ich es mir recht überlege, sind Engel doch nur Boten Gottes wie Briefträger. Sie tun, was Gott ihnen aufträgt, nicht mehr und nicht weniger. Ein Briefträger kann auch nur Briefe austragen, wenn andere sie geschrieben und abgeschickt haben.

OCHS:	*(überlegt eine Weile)* Also, das mit dem Briefträger leuchtet mir ein. Die Engel können also nichts dafür, daß das Kind hier im zugigen Stall liegt, daß Maria kein Bett hat, nur altes Stroh, und daß Joseph überhaupt nicht weiß, wo er sich hinlegen könnte.
ESEL:	Nein, da können die Engel nichts dafür, das soll wohl so sein.
OCHS:	Dann sind die Engel unschuldig, in Ordnung. Aber: Warum schreibt Gott dann keinen anderen Brief, um in deinem Bild zu bleiben. Warum sollen die Engel dann hier bloß fromme Lieder singen?
ESEL:	Was hätten sie denn deiner Meinung nach tun sollen?
OCHS:	Na, den Stall in einen Palast verwandeln, die Krippe in eine goldene Wiege. Maria hätte ein seidenes Bett bekommen müssen, und Josef natürlich auch. Und zur Stärkung hätten die beiden ein Festmahl bekommen. Dazu hätten die Engel dann meinetwegen auch singen können.
ESEL:	Als Tafelmusik sozusagen.
OCHS:	Genau. Und das Kind hätte Berge von Spielzeug bekommen, damit ihm nie langweilig wird. Und eine Duftlampe hätten sie angezündet, damit himmlische Wohlgerüche den Raum erfüllen – und nicht der Gestank, den wir beide hier verbreiten.
ESEL:	Findest du wirklich, daß wir stinken? Also ich habe mich hier bisher immer ganz wohl gefühlt.
OCHS:	Ich wollte dir nicht auf den Schlips, äh, ich meine natürlich auf den Schwanz treten.
ESEL:	Ist schon gut.
OCHS:	Für uns ist der Stall ja in Ordnung. Aber für dieses Kind?! Da wäre mein Palast doch besser! Außerdem soll das Kind doch ein König sein!
ESEL:	Ich weiß nicht. Natürlich ist das hier nicht ideal. Aber einen Vorteil hat das hier doch.
OCHS:	Nämlich?
ESEL:	Na, niemand hat Angst davor, in einen Stall hineinzugehen, selbst die allerärmsten nicht. Aber kannst du dir vor-

stellen, daß die Hirten z. B., die gestern da waren, in deinen Palast gekommen wären. Die hätten sich bestimmt nicht über die Schwelle getraut. Unverrichteter Dinge wären sie wieder abgezogen! Und das, obwohl doch Engel sie hergeschickt hatten.

OCHS: Wahrscheinlich hast du recht. Ich selber fühle mich ja auch eher hier zu Hause als in einem Palast. Aber trotzdem, ob wir der Maßstab sind – Ochs und Esel – und Leute, die sich in Ställen zu Hause fühlen?

ESEL: Offensichtlich, sonst hätte Gott sich ja deinen Palast für die Geburt seines Sohnes aussuchen können. Und das hat er nun einmal nicht getan.

OCHS: Eine Frage habe ich jetzt aber doch noch.

ESEL: Und die wäre?

OCHS: Warum hat Gott die Engel geschickt? Wo sie doch nur singen durften, meine ich.

ESEL: Du meinst, das sei eigentlich überflüssig gewesen?

OCHS: Naja, viel geändert hat sich doch durch ihre Anwesenheit nicht, oder?

ESEL: Na, immerhin hätten wir ohne die Engel bestimmt nicht so darüber nachgedacht, warum das Kind in einem Stall geboren ist – und nicht in einem Palast. Wir hätten vielleicht gar nicht gemerkt, daß Gott gerade zu uns, zum Ochsen und zum Esel, und zu den Leuten, die sich in Ställen zu Hause fühlen, gekommen ist.

OCHS: Dann wäre das der Brief, den Gott uns geschickt hat?

ESEL: Genau!

OCHS: Lieber Esel, du solltest Theologe werden.

ANGELIKA NOTHWANG

Jesus ist unser Heil

WEIHNACHTEN / HEILIG ABEND

Vorzubereiten:
Kerzen/Lichter für alle, die tanzend einziehen. Diese Lichter werden im Gottesdienst verschenkt. Flöte für den Hirten.

Großer Einzug

LIED: »Mache dich auf und werde Licht«
            (Kinder und Erwachsene – mit Lichtern in den Händen –
            ziehen im Pilgerschritt in die dunkle Kirche ein. Sie tanzen
            durch den Mittelgang und bilden einen Kreis um den Altar.)

KREISTANZ   »Mache dich auf und werde Licht«
            (wenn möglich, als Kanon in zwei oder vier Kreisen um den
            Altar tanzen)

Begrüßung und Einführung

GOTTESDIENSTLEITERIN:
            »Mache dich auf und werde Licht«, denn der Heilige
            Abend, die Heilige Nacht ist da. Im Advent haben wir uns
            auf diesen Tag vorbereitet. Wir haben von Woche zu
            Woche mehr Lichter angezündet, um die Dunkelheit zu
            vertreiben. Heute will Jesus, dessen Geburtsfest wir feiern,
            Licht in unser Leben bringen. Herzlich begrüßen wir alle,
            die zu diesem Gottesdienst gekommen sind. Wir begin-
            nen unser Weihnachtsfest: Im Name des Vaters ... Gott,
            der uns in Jesus sein Licht, seine Liebe und sein Heil
            geschenkt hat, er sei mit euch!
            Es ist gut, daß ihr, liebe Kinder, mit euren Eltern und
            Großeltern zuerst in die Kirche gekommen seid, um euch
            daran zu erinnern, daß Gott sich uns schenkt im Kind
            von Bethlehem, in Jesus, der das Licht und das Heil für
            diese Welt ist.

103

LIED	»Tragt in die Welt nun ein Licht« 1. Str.
	(3 oder 5 Kinder bringen ihr Licht in die Kirche und verschenken es an Mitfeiernde.)

Gebet

1. KIND:	Hier bin ich, guter Gott. Ich will Weihnachten feiern mit dir und mit allen, die hier sind. Du kennst uns. Du hast uns alle lieb. Komm, schenke uns Jesus, dein Licht, und laß Weihnachten werden in unseren Herzen, in unseren Familien und in dieser Welt.
LIED:	»Tragt zu den Kranken ein Licht« *(3 oder 5 Kinder bringen ihr Licht in die Kirche.)*
2. KIND:	Wir danken dir, guter Gott, daß du uns heute Jesus, deinen Sohn, schenkst. Er ist dein größtes Geschenk an uns, ein großes Geschenk für die ganze Welt. Laß uns das nicht vergessen, wenn wir heute ganz viele Geschenke bekommen.
LIED:	»Tragt zu den Kindern ein Licht« *(3 oder 5 Kinder tragen ihr Licht zu Kindern.)*
3. KIND:	Jesus, du bist das Licht der Welt. Du bist unser Licht. Du willst bei uns bleiben und uns begleiten. Du bist für alle da, die auf dich warten. Öffne unsere Augen, unser Herz und unsere Hände für dich, damit wir dich annehmen heute und an allen Tagen unseres Lebens. Amen.
LIED:	»Tragt zu den Alten ein Licht« *(Kinder und Erwachsene, die noch ein Licht haben, bringen ihr Licht zu alten Leuten.) (Licht an!)*

EVANGELIUM *(frei nacherzählt und gespielt nach dem Evangelisten Lukas)*

ERZÄHLERIN: In Rom herrschte vor langer Zeit der Kaiser Augustus.

AUGUSTUS: Hört her! Ich bin der Kaiser Augustus. Ich bin der mächtigste Mann der Welt. Ich herrsche über viele Länder der Erde. Überall sorgen meine Soldaten für Ordnung. Ich lasse Straßen bauen, Siegessäulen und Triumphbögen. Dafür brauche ich viel Geld. Deshalb müßt ihr alle

Steuern zahlen. Jeder muß sich dort in die Steuerliste
eintragen lassen, wo er geboren ist. Das ist mein Befehl.
Ihr müßt mir gehorchen! *(geht ab)*

ERZÄHLERIN: Und alle gingen hin, um sich eintragen zu lassen. Jeder
ging in seine Stadt. Darum gingen auch Maria und Josef
aus Nazareth nach Bethlehem. Das ist die Stadt des
Königs David. Maria und Josef gehörten zu seiner
Familie. Maria erwartete ein Kind.

JOSEF: Schau, Maria, dort liegt Bethlehem. Gleich sind wir da!

MARIA: Das ist gut, Josef, denn ich bin sehr müde. Ich brauche
einen Ort, wo ich bleiben kann.

JOSEF: Bethlehem heißt: Haus des Brotes. Ich hoffe, daß wir dort
ein Haus und auch Brot finden.

ERZÄHLERIN: In Bethlehem fanden Maria und Josef kein Haus, wo sie
bleiben konnten. Weil in der Herberge für sie kein Platz
war, mußte Jesus im Stall geboren werden. Maria wickelte
ihr Kind in Windeln und legte es in eine Krippe.
(Maria und Josef legen das Kind in die Krippe.)

LIED: »Uns wird erzählt von Jesus Christ«

ERZÄHLERIN: Hirten waren bei ihren Schafen auf der Weide.
Sie hüteten nachts ihre Herden.

1. HIRT: Immer sind wir bei den Schafen, Tag und Nacht. Wir
müssen auf der Hut sein, falls ein Wolf oder ein Dieb
kommt. Wenn ein Schaf fehlt, werden wir als Diebe
beschimpft.

2. HIRT: Wir führen unsere Schafe zum Brunnen, weil sie Durst
haben. Weil es wenig Wasser gibt, streiten wir uns oft an
den Wasserstellen mit anderen Hirten. Hirten sind
streitsüchtig, sagen die Leute dann.

3. HIRT: Immer heißt es, den Hirten kann man nicht trauen.
Hirten sind nicht ehrlich, Hirten betrügen. Deshalb dür-
fen wir nicht zum Gottesdienst in die Synagoge gehen.
»Hirten sind gottlos«, sagen die Leute.

4. HIRT: Niemand will etwas mit uns zu tun haben. Wir zählen
nicht. Wir sind der letzte Dreck.

ERZÄHLERIN: Mitten in ihre Nacht und Dunkelheit kam ein Engel, ein Bote Gottes.

1. ENGEL: Fürchtet euch nicht, ihr Hirten. Gott hat euch nicht vergessen. Für ihn seid ihr ganz wichtig. Hört die Frohe Botschaft: Heute ist euch in der Stadt Davids der Heiland geboren, Christus, der Herr!

2. ENGEL: Freut euch, denn Gott ist zu euch und zu allen Menschen gekommen. Ihr werdet ein Kind finden, das in Windeln gewickelt ist und in einer Krippe liegt. Darum loben wir Gott und singen: Ehre sei Gott in der Höhe und Friede allen Menschen auf der Erde.

LIED: »Engel auf den Feldern singen« ODER Lied-Tanz: »Ehre Gott in der Höhe«

ERZÄHLERIN: Die Hirten waren die ersten, die die Frohe Botschaft hörten. Sie sagten zueinander:

1. HIRT: Kommt, laßt uns nach Bethlehem gehen und sehen, was Gott uns geschenkt hat.

2. HIRT: Gott ist bei den Menschen, und wir sind für ihn ganz wichtig! Das ist wunderbar.

3. HIRT: Gott liebt uns. Er will uns heilen und helfen. Jesus, unser Erlöser und Retter ist geboren.

4. HIRT: Kommt, wir laufen schnell zum Stall, um dem Kind unsere Gaben zu bringen.

ERZÄHLERIN: Die Hirten liefen zum Stall. Sie fanden Maria, Josef und das Kind in der Krippe. Sie fielen nieder und beteten es an *(Hirten knien still an der Krippe).*

LIED: »Engel auf den Feldern singen« 4. Str.

1. HIRT: Jesus, der Heiland, ist für alle Menschen geboren. Kommt, wir müssen die Frohe Botschaft zu allen Menschen bringen.

2. HIRT: Kommt, wir gehen zurück und loben Gott für alles, was wir gehört und gesehen haben.

LIED-TANZ: »Macht die Türen auf«

Ansprache / Spiel

*(möglich als Schattenspiel – oder Dias/Folien bemalen lassen
und an den entsprechenden Stellen einsetzen)*

GOTTESDIENSTLEITERIN: Die Hirten haben es weitergesagt, daß Jesus
im Stall zu Bethlehem geboren ist. Ein armer Hirten-
junge, der in den Bergen bei Bethlehem seine Schafe
hütete, hörte, was die Hirten erzählten. Er suchte gerade
nach einem Lamm, das er verloren hatte. Da stand ein
Engel vor ihm, der sagte:

1. ENGEL: Mache dir keine Sorgen um dein verlorenes Schaf. Heute ist
ein Hirt geboren, der holt alle zurück, die verloren sind. Er
ist geboren, um zu suchen und zu retten, was verloren ist.

2. ENGEL: Ihr Hirten, geht nach Bethlehem, dort liegt das göttliche
Kind in einem Stall. In einer Krippe findet ihr den Erlöser
der Welt.

HIRT: »Erlöser der Welt«? Zu ihm kann ich nicht kommen ohne
ein Geschenk.

1. ENGEL: Nimm diese Flöte und spiele für das Kind!
(gibt dem Hirten eine Flöte.)

GOTTESDIENSTLEITERIN: Der Hirt nahm die glänzende Flöte. Sieben
himmelreine Töne hatte diese Flöte und spielte von selber,
wenn er hineinblies. Der Hirt war fröhlich und sprang den
Berg hinunter. Er schaute kaum auf den Weg. Als er in ein
trockenes Bachbett lief, stolperte er und fiel der Länge
nach hin. Im Fallen verlor er die Flöte und, um ehrlich zu
sein, auch ein böses Wort, das Hirten schon mal gebrauchen, wenn sie ärgerlich sind. Schön war es nicht!
Als er die Flöte wieder aufhob, war sie um einen Ton
ärmer. Der Hirt hatte keine Zeit traurig zu sein, deshalb
rannte er weiter. Plötzlich stoppte er. Da – vor ihm auf
dem Weg – saß ein Wolf.

HIRT: Dieser Schafsmörder!

GOTTESDIENSTLEITERIN: Die Wut packte den Jungen, und ehe er sich
besann, warf er die Flöte nach dem Tier. Sofort war der
Wolf verschwunden. Seine Flöte aber hatte wieder einen
Ton weniger.

Der Hirt kam zu seiner Herde. Alles war still. Die Tiere hatten sich niedergelegt. Nur ein Schaf strich noch herum und blökte laut. Der Junge versuchte, es in den Pferch zu treiben. Als das Schaf davonrennen wollte, schmiß er seine Flöte hinterher. Das Tier war wie vom Erdboden verschwunden. Der Hirt suchte seine Flöte. Als er sie fand, hatte sie nur noch vier Töne. Der Junge war darüber so ärgerlich, daß er einem Wasserkrug, der in seiner Nähe stand, einen Fußtritt gab. Dabei flog ihm die Flöte aus der Hand. Als er sie wieder aufhob, hatte die Flöte nur noch drei Töne. Der Junge lief weiter auf dem Weg nach Bethlehem. Es ging alles gut, bis er zum Stadttor kam. Da umringten ihn viele Kinder, die ihm die Flöte abnehmen wollten. Der Junge wehrte sich. Er schlug mit seiner Flöte zu. Es kam zu einer heftigen Schlägerei. Manchem Kind tat er sehr weh. Die Flöte behielt er am Ende, aber sie hatte nur noch zwei Töne.

Jetzt sah er den Stall. Über dem Dach strahlte ein großer Stern.

HIRT: In diesem Stall soll der Erlöser der Welt sein? Der Hirt, der alle Verlorenen heimholt, soll da in einer Krippe liegen? Das ist nicht zu glauben!

GOTTESDIENSTLEITERIN: Weil der Junge zweifelte und das nicht so richtig glauben wollte, war nur noch ein Ton in seiner Flöte. Der Hirt ging zum Stall. Am Eingang blieb er stehen.

HIRT: Ich schäme mich, weil meine Gabe so klein geworden ist.

GOTTESDIENSTLEITERIN: Dennoch versuchte er, auf der Flöte zu spielen. Er blies ihren einzigen Ton, den letzten Ton. Der Ton klang rein und schön. Maria, Josef, der Ochs, der Esel und alle, die im Stall waren, lauschten. Das Kind lächelte den armen Jungen an und streckte seine Hände aus. Der Junge freute sich und trat ganz nah an die Krippe. Das Kind berührte die Flöte. In diesem Augenblick wurde sie wieder so, wie der Engel sie ihm gegeben hatte: Volltönend, ganz rein und schön.

(nach: Dan Lindholm)

Flötenspiel oder Instrumentalmusik

GOTTESDIENSTLEITERIN: Vielleicht finden wir uns alle an irgendeiner Stelle in diesem Hirtenjungen wieder. Sechs Töne seiner Flöte hatte er verloren. Vielleicht haben wir auch im vergangenen Jahr auf unserem Lebensweg etwas verloren oder zerbrochen.

Was haben wir da alles verloren? Vielleicht war es nicht nur ein Schaf oder ein böses Wort, das wir verloren haben. Vielleicht haben wir einen Freund verloren, das Vertrauen, die Liebe, die Freude oder den Frieden. Vielleicht haben wir auch den richtigen Ton verloren, der unser Leben zum Klingen bringt. Vielleicht gab es aber auch Menschen, die sich über unsere Lebensmelodie gefreut haben.

Jesus ist in diese Welt gekommen, um alle zu heilen, deren Herz zerbrochen ist. Er ist gekommen, um zu suchen, was verloren war. Jesus ist der Heiland der Welt. Er macht alles heil, wenn wir mit dem, was uns zerbrochen ist, zu ihm gehen.

Laßt uns darum zum Kind nach Bethlehem gehen. Jesus wartet auf uns. Er will uns und allen Menschen nahe sein. Er möchte uns berühren und uns heilen. Lassen wir uns von ihm berühren? – Gott hat uns Jesus, den Erlöser der Welt, geschenkt. Er ist das Heil für uns und diese Welt. Darum dürfen wir uns freuen und heute ein großes Fest feiern.

LIED: GL 143 »Nun freut euch, ihr Christen« – *oder* »Das wünsch ich sehr«

Gabenprozession

KIND: Wir Kinder bringen jetzt unsere Gaben zur Krippe. Wir bringen, was wir im Advent gesammelt haben. Was wir den Armen geben, das geben wir Jesus, der ganz arm in diese Welt gekommen ist.

Instrumental- oder Orgelspiel

Fürbitten

GOTTESDIENSTLEITERIN: Jesus ist gekommen, um zu heilen, was verwundet ist. Ihm wollen wir jetzt unsere Bitten sagen:

1. KIND: Jesus, du bist unser Bruder. Im kalten Stall hast du auf Stroh gelegen. Mache uns und alle Christen bereit, mit den Armen zu teilen.

LIEDRUF : »Es werde Licht, das die Nacht durchbricht«

2. KIND: Jesus, du bist gekommen, um zu suchen, was verloren war. Schenke dein Licht allen, die den Glauben an dich und an sich selbst verloren haben. LIEDRUF

3. KIND: Jesus, du bist der Erlöser der Welt. Erlöse uns von dem Bösen und heile alle, die verwundet sind und in deren Leben etwas zerbrochen ist. LIEDRUF

4. KIND: Jesus, du bist der Friede. Schenke Gedanken des Friedens allen, die sich streiten und hilf den Großen und den Kleinen, sich wieder zu versöhnen. LIEDRUF

5. KIND: Jesus, du bist die Liebe. Laß uns und alle Christen deine Liebe weiterschenken an Menschen, die hungern und Not leiden. LIEDRUF

GOTTESDIENSTLEITERIN: Jesus, du bist das Licht und das Heil für diese Welt. Erhöre unsere Bitten, damit Weihnachten wird bei uns und überall auf dieser Erde. Amen.

VATER UNSER *singen – mit Gebärden*

Friedensgruß

LIED »Gebt einander ein Zeichen des Friedens«

Gedicht

KIND: Geboren ist das Kind zur Nacht,
für dich, für mich, für alle.
Drum haben wir uns aufgemacht,
nach Bethlehem zum Stalle.
Und frage nicht und rate nicht,
was du dem Kind sollst schenken.
Mach nur dein Herz ein wenig licht,
ein wenig gut dein Denken.

Mach deinen Stolz ein wenig klein
und fröhlich mach dein Hoffen.
So trittst du mit den Hirten ein,
und sieh: die Tür steht offen.
Bring deine Liebe, schenk dich ihm,
und knie mit den Frommen.
Bring deine Gaben, glaub an ihn.
Gott ist zu uns gekommen.

URSULA WÖLFEL

Schlußlied

»Geht ein Leuchten durch die Zeit« (Kanon) *oder*
GL 140 »Zu Bethlehem geboren« *oder*
»Leuchte, leuchte, Weihnachtsstern«

HERIBURG LAARMANN

III Dreikönigsspiel

Die Reise der Weisen

Besondere Bemerkungen

Die Zahlenangaben (z.B. xxx1xx) beziehen sich auf die mögliche musikalische Begleitung mit Orff-Instrumenten (vgl. Nachwort S. 120f)

XX 1 XX

MELCHIOR Liebe Freunde, der Weg war weit
von damals bis heut' in d i e hektische Zeit.

KASPAR Ich denke, Ihr habt uns wohl erkannt,
wir sind die drei Weisen vom Morgenland.

BALTHASAR Es begab sich wohl einst – heute spielt man uns jährlich,
doch glaubt man das Wunder meistens nur spärlich.

MELCHIOR Es ist auch so schwer, alle wechselnden Zeiten
mit Liebe und Hoffnungen zu begleiten.

KASPAR Heut' sei der Erinn'rung die Stunde geweiht –
zurück ins Jahr 0 – seid Ihr bereit?

BALTHASAR Die Bibel ist schließlich wieder modern.
Nach Kriegen und Terror besinnt man sich gern!

MELCHIOR Die ew'ge Geschichte – Ihr kennt sie alle –
sei nicht vergessen, in keinem Falle.

BALTHASAR So laßt uns hier eine Kerze anzünden,
damit die Gedanken Frieden finden.

XX 2 XX

KASPAR   Wir vernahmen die Botschaft, daß etwas geschieht,
         was die Welt zum ersten und letzten Mal sieht:
         Gott schickt uns durch Menschen seinen Sohn,
         um die Welt zu erlösen, besteigt er den Thron.

BALTHASAR Wir werden ihm huldigen, werden ihn preisen
           und ehrfurchtsvoll Reverenz erweisen.

           xx 3 xx

MELCHIOR   Mir fiel es nicht schwer, alles aufzugeben,
           ich war zum erstenmal furchtlos im Leben.

BALTHASAR Als wir uns trafen, da wußten wir fest,
           daß unsere Hoffnung uns nicht mehr verläßt.

KASPAR   Und wir zogen gemeinsam und ohne Bangen
           q u e r durch die Wüste, um hinzugelangen.

MELCHIOR   Des Nachts war der Himmel wie schwarzer Samt,
           darauf jeder Stern ein Diamant. –

BALTHASAR Schreckliche Einsamkeit – rings um uns her –
           tiefste Verlassenheit prüfte uns schwer.

KASPAR   Doch wir zweifelten nicht, trotz mancher Schmerzen,
           denn es tönte ein Singen in unseren Herzen:
           Erst leise, dann lauter – so festlich und rein,
           nichts konnte hier für uns tröstlicher sein.

           xx 4 xx

BALTHASAR Und da wuchs dieser Stern – ein R i e s e n komet,
           wie es beim Propheten geschrieben steht.

           xx 5 xx

MELCHIOR   Für uns war's die Rettung, er führte uns bald
           hinaus aus der Wüste, durch Steppe und Wald.

Vorbei an verlassenen Lämmerherden,
die nicht einmal scheuten vor unseren Pferden.

KASPAR   Man stelle sich vor, die Schafe allein!
           Sie mußten die Nacht ohne Hirte sein!

BALTHASAR So steht es geschrieben, doch das auch zu seh'n
           sollte uns mächtig zu Herzen geh'n!

MELCHIOR   Weit vor uns voraus eine Prozession –

BALTHASAR Oh ja, viele Menschen wußten es schon;
           wußten, daß in dieser sternklaren Nacht
           Maria den Heiland zur Welt gebracht.
           Sie strömten aus ihren Häusern herbei,
           erstaunt, was da Großes geschehen sei.

MELCHIOR   Alle spürten die Freude, fühlten den Drang,
           das Christkind zu ehren, ein Leben lang.

           xx 6 xx

MELCHIOR   Auch die Hirten zogen gemessen herbei,
           sangen und spielten auf ihrer Schalmei,

KASPAR   brachten verschiedene kleine Sachen,
           die das Leben doch etwas erträglicher machen:
           Die Milch konnt' man trinken, die Wolle war warm –
           ach, was waren dort alle so schrecklich arm!

BALTHASAR Aber hört doch nur, was die Leute gesungen –
           ja, das hat wahrhaftig fürstlich geklungen!

           xx 7 xx

MELCHIOR   Doch jetzt war es endlich, endlich soweit,
           daß die Zeit für unsere Ankunft bereit.

BALTHASAR Wir hörten von ferne den Lobgesang – … xx 8 xx
– da trieben wir uns're Kamele an,
– die Elefanten, – die Dromedare,
– die Esel mit all ihrer kostbaren Ware! …

xx 9 xx

BALTHASAR Ja, auf in die Sättel, die Zeit nicht verschwendet,
dem König Herodes die Stirn gewendet
und ohne Verzög'rung die Schrift erfüllt!

KASPAR Wir sind bereit – sind zum Frieden gewillt!

xx 10 xx

MELCHIOR Und in mächtigem Halbkreis – unter seidenen Fahnen
formierten sich unsere Karawanen.

xx 11 xx

BALTHASAR Kaspar, du warst als erster ersehen,
den Weg zu dem heiligen Kindlein zu gehen.

xx 12 xx

MELCHIOR Von draußen spürten wir die Bewegung,
es entstand eine allgemeine Erregung.

BALTHASAR Jetzt du Melchior, nur Mut genommen,
wir sind in Bethlehem angekommen!

xx 13 xx

BALTHASAR Zum Schluß kam ich, nur ein schwarzer Mohr,
wie kam ich mir hier so unwürdig vor.

xx 14 xx

BALTHASAR Ich warf mich zu Boden und lag dazumal
geblendet im Staube von Bethlehems Stall.

xx 15 xx

BALTHASAR   Da lag das Kind in der Krippe, zart und klein –
mir schien es, als winke es mich herein!

XX 16XX

KASPAR   Es waren sogar noch T i e r e daneben,
ein Ochs und ein Esel – so geht's im Leben:
Man eilt sich und rackert und sputet sich schnell,
dann sind schon and're bequem zur Stell'
und haben die besten Plätze besetzt! –
Doch sie wärmten das Kind – ich weiß es jetzt!

MELCHIOR   Wir brachten uns're Geschenke dar,
der Kaspar, der Melchior und Balthasar:
Myrrhen und Weihrauch – nur fromme Gaben,
wie uns die Propheten befohlen haben.

BALTHASAR   Was hätte es auch einen Eindruck gemacht,
hätten wir teures Geschmeide gebracht.

Gott wollte die Armut, damit wir erkennen,
daß als Höchstes das Leben selbst ist zu nennen
und Geld und Gut manchmal nur Ballast,
die uns zwingen zu oberflächlicher Hast.

KASPAR   Das Leben als Geschenk des Herrn,
d a s sollen wir lieben und achten und ehr'n.

MELCHIOR   Das Gold, das wir ferner dem Kindlein gebracht,
war als Sicherheit für die Reise gedacht.
Denn, wie es so ist, es will im Leben
fast niemand etwas umsonst hergeben. –
Und Maria und Josef mußten ja leider
in eiliger Flucht nach Ägypten weiter.

KASPAR   Doch vorerst war davon noch nichts zu bemerken.
Den Josef sah man im Raum herumwerken

und Maria – so glücklich, wie Mütter nur sind,
wiegte ganz sachte das göttliche Kind.

XX 17 XX

BALTHASAR Wir standen ergriffen vor diesem Glück –
doch die Zeit geht ja weiter, wir mußten zurück.

MELCHIOR Durften nicht helfen

KASPAR … konnten nur zeigen,
daß wir als Könige tief uns verneigen
vor dem Ziel aller Weisen, dem göttlichen Lohn:
vor der Jungfrau Maria und ihrem Sohn.

XX 18 XX

BALTHASAR Da geschah auch mit uns eine kleine Verwandlung,
denn Gott führte selbst Regie in d e r Handlung.

Muß alles Schöne auch schnell vergeh'n,
die Erinn'rung, die Freude bleiben besteh'n.

MELCHIOR Froh und beglückt – so zogen wir heim,
gesegnet vom Christkind im heiligen Schein.

XX 19 XX

MELCHIOR Laßt uns noch ein Wort zu der neuen Zeit sagen:
Helft Frieden in alle Länder tragen.

BALTHASAR Vergeßt nicht das Wunder und laßt es im Herzen
leuchten wie tausend helle Kerzen.

KASPAR Weihnacht ist wieder, – w i r wünschen heut'
Friede den Menschen – für alle Zeit!

XX 20 XX

CHRISTA FREY

Nachwort

Die Musik von Gunild Keetman, die sie für die Weihnachtsgeschichte von Carl Orff komponiert hat, veranlaßte mich,»DIE REISE DER WEISEN« zu schreiben. Es ist die Geschichte von Christi Geburt, von den heiligen drei Königen erzählt. Gunild Keetmans Musik (ORFF-SCHULWERK Jugendmusik, Carl Orff»Die Weihnachtsgeschichte« Musik: Gunild Keetman. Edition 3565, B. Schott's Söhne, Mainz) läßt sich wie folgt einsetzen:

		Bezeichnung u. Seitenzahlen Orff-Schulwerk
xx 1 xx	Einleitung, Allegretto	1. Einleitung (32 Takte) S. 1/2
xx 2 xx	Allegretto Fortsetzung	1. Einleitung 2 Dreiviertel, 12 Takte S. 2
xx 3 xx	Einl. Allegr. D. c. al Fine	= Wiederh. 1. Einl. bis Fine
xx 4 xx	Pastorale, Tranquillo	3. Pastorale S. 4 und 5
xx 5 xx	Glissando	freie Improvisation o. 4. S. 6/7
xx 6 xx	Marsch d. Hirten Allegretto	7. Marsch der Hirten, S. 14 und 15
xx 7 xx	Benedicamus Con moto	9. Benedicamus S. 16/17 (evtl. nur instrumental)
xx 8 xx	Marsch d. Hl. 3 Könige, Moderato	11a. Marsch d. Hl. 3 Könige (die ersten Takte…)
xx 9 xx	Marsch der Hl. 3 Könige, Moderato	Nach»kostbaren Ware« … Einsatz des Marsches S. 20/21
xx 10 xx	s. o.	11a. Forts. inc. Sopran-Blockflöte S. 22/23
xx 11 xx	s. o.	11a. Forts. S. 24/25
xx 12 xx	Allegro	11b. S. 26 (ohne Schellen)
xx 13 xx	s. o.	11b. S. 26 (incl. Pauke mit aufgelegter Hand)
xx 14 xx	s. o.	11b. S. 26 (incl. Pauke, plus Baßstab, plus Schellen)
xx 15 xx	»Dormi Jesu« Tranquillo	13. Dormi Jesu S. 32/33
xx 16 xx	s. o.	13. Dormi Jesu Wiederholung
xx 17 xx	»Josef, lieber Josef mein«	10. Kindelwiegen S. 18/19 (evtl. nur instrumental)
xx 18 xx	»Die ganz große Reverenz«, Molto maestoso	12c. Marsch d. Hl. 3 Könige, S. 29
xx 19 xx	Abzug der Hl. 3 Könige, Allegretto e leggiero	12 c. Abzug d. Hl. 3 Könige S.30/31
xx 20 xx	»Gloria« Allegro con giubilo come prima	14. Gloria S. 33/34/35 als Finale (evtl. nur instrumental)

Anhang

Die Geburt

Als Augustus Kaiser war,
vor rund zweitausend Jahrn,
da ließ er alle Seelen
in seinem Reiche zählen.

Ein jeder, wo er immer sei,
ging stracks zu seiner Polizei
und schrieb in ein Register:
Name, Familie, Geschwister.

Mit Maria zog nach Betlehem
Josef, ein Zimmermann,
denn er und die Stadt Betlehem
waren aus Davids Stamm.

Weil alle Herbergen aber besetzt
und kein Zimmer mehr frei,
legten sie sich zu guter Letzt
zerschlagen und müde ins Heu.

Im Traum flog zu Josef ein Engel heran,
der flüsterte ihm ins Ohr:
»Bleib ruhig, guter Zimmermann!
Gott hat Großes mit dir vor!

Du hast Marie nicht zur Frau genommen.
Sie ist noch, wie Mädchen sind.
Doch nicht lange, und sie wird niederkommen
mit einem fremden Kind.

Sei lieb zu ihr, und schick sie nicht fort,
auch das Kind nicht, das Jesus heißt!
Sein Vater ist der einige Gott,
gezeugt durch den Heiligen Geist.«

Die Jungfrau gebiert einen Sohn zur Nacht:
Der Heiland kommt in die Welt!
Maria ist selig. Sie weint und lacht,
als sie endlich im Arm ihn hält.

In den Feldern aber ein Engel erschien,
und die Hirten erschraken sich.
Denn die Herrlichkeit Gottes war um ihn:
Es blendete sie sein Licht.

»Freut euch!« frohlockte er. «Fürchtet euch nicht!«
Rief's nach Ost und West, Süden und Norden.
»Euch ist geboren das Lebenslicht.
Gott ist Mensch geworden!

Ehre ihm und Frieden allen,
die in seiner Gnade leben!
Heut' ist ein Stern vom Himmel gefallen,
der wird eure Herzen erheben.«

Die drei Weisen aus dem Morgenland

Drei Weisen besuchten Jerusalem
aus dem fernen Morgenland:
»Wir wollen den König der Juden sehn!
Ein Stern hat uns hergesandt!«

Wie aber König Herodes kam,
da lachten sie: »Was fällt dir ein!
Du bist doch schon ein alter Mann.
Unser König muß ein Säugling sein!«

Als Herodes das hörte, erschrak er sehr,
und Jerusalem zitterte mit.
Er fand überhaupt keine Ruhe mehr
und bebte bei jedem Schritt.

Er ließ die Gelehrten in Israel
alle Bücher noch einmal lesen,
und sie fanden bei Rut und bei Samuel
ein paar Sätze, die sie vergessen.

Dort hieß es nämlich: Aus Betlehem
wird der König der Juden hervorgehn.
Und Herodes dachte: ›Wie unangenehm!
Da muß ich mich mächtig vorsehn!‹

Er sprach zu den Weisen: »Freunde, ich bitt',
diesen König für mich zu suchen,
und bringt ihr mir seine Adresse mit,
gibt's Kaffee und Streuselkuchen!«

Die Weisen zogen dem Sterne nach
in Richtung Betlehem.
Über einem Scheunendach
blieb er von selber stehn.

Kaspar, Melchior und Baltasar
fielen auf die Knie,
brachten Jesus die Gaben dar:
Gold, Weihrauch und Patschuli.

Am anderen Morgen in aller Früh
verließen sie Betlehem,
und eine innere Stimme warnte sie:
»Geht nicht nach Jerusalem!

Dort wartet Herodes auf euren Bericht,
um Jesus zu ermorden.
Geht heute nach Westen, solange es Licht!
Erst dann zieht wieder nach Norden!«

Und zu Josef trat ein Engel im Traum
wie vor vierzehn Tagen:
»Warte nicht bis zum Morgengraun,
sonst packt euch Herodes beim Kragen!

Er will Marias kleinen Sohn
erwürgen, dieser Schuft.
Lauft alle drei nach Ägypten davon,
bis Gott euch wieder ruft!«

Herodes wartete in seinem Schloß
vergeblich schon drei Wochen.
Dann ward sein Ärger riesengroß,
sein Blut fing an zu kochen:

»Wenn ihr das Kind nicht finden könnt,
den unerwünschten Erben,
so schicke ich ein Regiment –
und alle müssen sterben!«

Josef singt auf der Flucht nach Ägypten

Wir müssen nach Ägypten fliehn,
ach, ist das weit, auwei geschrien!
Lauf, mein Eselchen, lauf!

Herodes sucht den Gottessohn
aus Angst um seinen Königsthron.
Lauf, mein Eselchen, lauf!

Die Angst macht böse ihn und dumm,
drum bringt er alle Kinder um.
Lauf, mein Eselchen, lauf!

Soldaten klopfen an die Tür,
kein Bub ist länger sicher hier.
Lauf, mein Eselchen, lauf!

Du trägst den Himmel huckepack,
sei brav, mach keinen Schabernack!
Lauf, mein Eselchen, lauf!

Die Wüste ist voll Wüstensand,
wer stehenbleibt, kriegt Sonnenbrand.
Lauf, mein Eselchen, lauf!

Sind wir erst mal an unserem Ziel,
dann baden wir im blauen Nil.
Lauf, mein Eselchen, lauf!

Ägyptens Wiesen sind wohl fett,
doch süßer sind sie in Nazaret.
Lauf, mein Eselchen, lauf!

Wenn Herodes zur Hölle fährt,
dann reisen wir wieder umgekehrt.
Lauf, mein Eselchen, lauf!

Heriburg Laarmann/Annemarie Wolf (Hg.)
Das große Buch der Krippenspiele
200 Seiten, Paperback ISBN 3- 451-26415-3

Die reichhaltige und abwechslungsreiche Sammlung bietet für alle
Altersstufen ab 4 Jahren Spiele und Anregungen für die Advents- und
Weihnachtszeit. Alle Modelle sind lebendig ausgearbeitet und unkom-
pliziert nachzuspielen. Eine wahre Fundgrube für Lehrer, Gruppen-
leiter, Seelsorger und Katecheten auf der Suche nach neuem Material
zur Gestaltung der Weihnachtsfeier.

Kerstin Kuppig
Das Weihnachtsmitmachbuch
für Familien, Gruppen und Gemeinden
160 Seiten, Paperback ISBN 3-451-26420-X

Lesen allein genügt nicht bei diesen Weihnachtsgeschichten und
-gedichten muß man einfach»mitmachen«: Kerstin Kuppig gibt viel-
fältige Impulse, die Erzählungen über das Lesen oder Vorlesen hinaus
weiterzuführen und zu vertiefen. Ob frei vorgetragen, mit Zeichnungen
angereichert und weiterentwickelt oder mit Bastelvorschlägen nach-
gestaltet, allen methodischen Anregungen gemeinsam ist der kreative
Umgang mit den Texten. Das Geschichtenbuch zur Weihnachtszeit zum
Mitmachen, Miterleben und Mitfeiern.

Max Bollinger
Der Weihnachtsengel auf dem Seil
32 Seiten durchgehend farbig illustriert von Doris Baumann,
gebunden ISBN 3-451-26110-3

Ein herrlich anmutiges Märchen zur Weihnachtszeit, liebevoll illustriert
und einfühlsam erzählt. Eine wunderbare Geschichte für kleine und
große Leser.

Barbara Cratzius
Der Weihnachtswolf
Eine Legende zur Heiligen Nacht
32 Seiten durchgehend farbig illustriert von Sabine Dreyer-Engels,
gebunden
ISBN 3-451-26237-1

Einfallsreich und liebevoll erzählt die bekannte Autorin Barbara Cratzius
die Weihnachtsgeschichte aus der ungewöhnlichen Sicht des Wolfes Lupus.
Die Illustrationen von Sabine Dreyer-Engels regen die Phantasie der
jungen Leser an und laden zu einer spannenden Entdeckungsreise ein.

Veronika Buter/Betina Gotzen-Beek
Weihnacht in der weiten Welt
Ca. 32 Seiten, gebunden
ISBN 3-451-26372-6

Weihnachten wird in jedem Land ein wenig anders gefeiert. Mit dem
Buch geht es auf Entdeckungsreise in die weite Welt: nach Sri Lanka
und Tansania, Indien und Grönland, nach Brasilien, Mexiko, Pakistan,
China und zu den Massai. Die Geschichten und Bilder erzählen nicht
nur Interessantes über die verschiedenen Bräuche zu Weihnachten, sondern beschreiben auch die Lebensumstände der Kinder in aller Welt.

Herder
Freiburg · Basel · Wien